나를 찾아가는 십우도 여행

나를 찾아가는 십우도 여행

오강남
성소은
지음

최진영
그림

판미동

이 책을

진짜 나로, 나답게 살고자 애쓰는

모든 '소신이'에게 드립니다.

여행을 떠나며 십우도의 의미

오강남
(캐나다 리자이나 대학교 명예교수)

"너 자신을 알라."

우리가 잘 알고 있듯이 소크라테스가 널리 퍼트린 말입니다. 현재의 성경에 포함되지 않은 『도마복음』에도 똑같이 "그대 자신을 아십시오."라는 구절이 있고, "모든 것을 다 아는 사람도 자기를 알지 못하면 아무것도 모르는 사람"이라고 했습니다.[1] 이렇듯 세계 주요 종교들이 모두 이렇게 나를 아는 것이 중요하다고 가르치고 있습니다. 하지만 이것은 역설적으로 지금 우리가 자신의 참모습을 모르고 살아간다는 뜻이라고도 할 수 있습니다.

---

1 오강남 풀이, 『도마복음』 (예담, 2009).

그러나 우리 모두는 스스로 의식하든 하지 못하든 '내가 누구인가?' 하는 물음을 품고 살아가고 있습니다. 지금 여러분이 펴고 계신 이 책은 기본적으로 '나의 참된 정체성이 무엇인가? 이를 찾기 위해 인간이 감행해야 할 정신적 여정이 어떤 것인가?' 하는 문제를 함께 알아보려고 하여 이루어진 것입니다.

'나를 찾는 길'을 가르쳐 주는 가르침은 많지만, 그중에서도 특별히 그림을 통해 가장 간결하면서도 명쾌하게 보여 주는 것으로 선불교 전통에서 내려오는 십우도(十牛圖)를 들 수 있습니다. 10개의 연속적인 그림으로 된 십우도는 실존적 불안을 타파하기 위해 일상의 생활에 안주하기를 거부하고 '본래의 나'를 찾아 나서는 모험을 감행하여 드디어 '참나'를 찾고 자유를 구가하며 살게 된 어느 목동의 이야기입니다.

이 책의 각 장에서는 십우도의 10가지 그림을 하나씩 보여 드리고, 거기 달린 송(頌)을 우리말과 영어로 옮긴 다음, 나름대로 풀이하였습니다. (이 부분은 오강남이 맡아서 했습니다.)

십우도의 풀이 다음에 각 의식의 단계와 연관된 책 두세 권에 대한 소개가 나옵니다. 여기에 선별된 책들은 궁극적으로 모두 '나를 발견하는 여정'에 도움이 되는 특별한 영감을 담고 있는 책들입니다. 십우도에서 간결하게 그려진 것을 좀 더 소상하게 부연하여 내면의 나를 들여다볼 수 있도록 창문을 더욱 넓게 여는 작업입니다. (이 부분은 성소은 님이 맡아 주었습니다.)

왜 나를 알아야 하는가

오늘날 종교 현상 중 가장 특징적인 것을 꼽으라면 그것은 역설적이게도 '탈종교화' 현상이라 할 수 있습니다. 점점 많은 사람들이 종래의 전통 종교에서 떨어져 나가고 있습니다. 이들은 "나는 종교에 관심이 없고, 정신적인 가치에 관심이 있다(I'm not religious; I'm spiritual)."고 말합니다. 우리 주위에서 흔히 볼 수 있는 천박하고 독선적인 종교에서는 영적 목마름을 채우기가 어렵기 때문입니다.

이를 좀 더 구체적으로 말하면 '지금 이렇게 허우적거리며 살고 있는 내가, 본래의 나인가?' 하는 문제에 대한 대답을 지금의 표피적이고 내세지향적인 종교에서는 얻을 수 없다는 뜻입니다. 정말 중요한 문제는 나의 참된 정체성을 알고 이것을 통해 '지금 여기'에서 참된 자유를 누리는 것이기 때문입니다.

가만히 우리의 내면을 들여다보면, 우리 모두는 '참나, 본래의 나'가 아니라 이기심으로 가득한 '비(非)본래적인 나'를 나 자신이라고 착각하며 살아가고 있음을 발견하게 됩니다. 그러면서 마치 삶이 윤활유 없이 돌아가는 톱니바퀴처럼 뭔가 삐

걱거린다는 기분을 갖기 마련입니다. 우리가 바라는 풍요로운 삶이 아닙니다.

세계 여러 종교의 심층을 들여다보면 이런 불안하고 불완전한 삶에서 벗어나는 길은 '지금의 나'에서 벗어나 '진정한 나'를 발견하는 것이라고 합니다. 다석 류영모 선생님의 말을 빌리면 자기중심적인 '제나'에서 벗어나 본연의 '얼나'를 찾으라는 것입니다.

십우도가 내 안에 있는 참나를 찾아가는 계단을 가장 명쾌하면서도 쉽게 밝혀 주고 있다고 말씀드렸지만, 사실 세계 거의 모든 종교는 우리 안에 있는 신성(神性, the Divine)을 찾으라고 가르칩니다. 가장 비근한 예로 우리나라 동학에서는 시천주(侍天主)라고 하여 우리가 우리 안에 '한울님'을 모시고 있고, 인내천(人乃天)이라고 하여 이 한울님이 바로 우리 자신이라고 가르치고 있습니다. 선불교에서도 우리에게 불성(佛性)이 있고, 이 불성이 바로 나의 참나이며, 따라서 내가 바로 부처임을 깨달으라고 가르칩니다. 힌두교 베단타 철학에서도 절대자 브라흐만(Brahman)과 진정한 나(Atman)는 하나라고 말하며, 그러므로 '나는 바로 브라흐만이다.'라는 범아일여(梵我一如)의 진리를 터득하라고 일러 줍니다.

미국 성공회 주교인 존 쉘비 스퐁(John Shelby Spong)이 쓴 요한복음 해설서, 『아름다운 합일의 길 요한복음』에 보면 요한복음의 핵심 메시지도 '우리 안에 신성이 있고, 신성이 우리 안에 있어, 우리와 신성은 결국 하나'라는 것을 가르치는 것이라고 합니다. 요한복음에 보면 "나와 아버지는 하나입니다." "내가 아버지 안에 있고, 여러분도 내 안에 있습니다." "여러분이 서로 사랑하면 여러분은 하나님 안에 있고 여러분 안에 하나님이 있습니다." 하는 말이 많이 나옵니다.[2]

다시 강조합니다만, 이런 종교 전통들에서 발견하게 되는 내 안의 참나를 찾으라는 가르침 중에서 그림으로 차근차근 밝혀 주는 것으로 십우도만 한 것을 찾기 힘들어 이를 중심으로 우리의 작업을 진행해 나가려 합니다.

나를 아는 길—의식의 변화

선불교를 비롯하여 많은 종교들은 우리가 지금 처한 상태가 불완전하다는 것을 일깨워 줍니다. 그것이 참나, 나의 신성, 내 안에 있는 신을 알지 못하기 때문이라고 강조하고, 보다 완전한 상태로 옮겨 갈 것을 권장합니다. 이러한 '옮겨 감'이 이

2 존 쉘비 스퐁 지음, 변영권 옮김, (한국기독교연구소, 2018) 참조.

른바 '변화(transformation)'입니다. 그리스도교에서도 "자기를 부인하라." "새사람이 된다." "새로운 피조물이 된다."고 하고, 불교에서도 "무아(無我)를 깨닫고 성불하라." "부처가 되라."고 하고, 유교에서도 "소인배가 군자나 성인이 되라."고 하고, 장자에서도 "물고기 곤(鯤)이 날개가 하늘에 드리운 구름 같이 큰 붕(鵬)새가 된다."고 모두 각기 자기 전통에 따라 달리 표현하고 있지만, 하나같이 새로운 나를 찾을 때 있을 수 있는 '변화'를 이야기하고 있다고 보아야 합니다. 그래서 어느 종교학자는 종교를 "궁극적 변화를 위한 수단(a means to ultimate transformation)"이라 정의하기도 했습니다.[3]

변화의 의미를 좀 더 살펴보겠습니다. 참된 의미에서 종교가 강조하는 가장 중요한 변화는 '의식의 변화'라 할 수 있습니다. 새롭게 눈을 뜨는 것입니다. 이런 의식의 변화가 이루어져야만 비로소 내가 진정으로 누구인지 알고, '나의 참나'를 알 수 있습니다. 종교는 이런 의식의 변화를 이루기 위해 거기에 합당한 '길'을 가야 한다고 가르칩니다.

거의 모든 종교에서 스스로를 '길'이라고 주장합니다. 같은 종교에 속한 사람들을 부를 때, 길을 같이 가는 '길벗'이나

---

3 Frederick J. Streng, Understanding Religious Life, 3rd edition(1985).

'도반'이라고도 합니다. 십우도는 우리가 따라야 할 이런 길을 예시해 주는 하나의 사례라 할 수 있습니다. 이 길에서 가장 중요한 요소가 나의 내면을 들여다보는 내관(內觀) 혹은 명상(瞑想)입니다.

길을 간다고 하는 것은 구체적으로 의식의 발달 단계를 거쳐 목적하는 경지에 다다른다는 이야기입니다. 이런 식으로 의식의 변화 단계를 이야기하는 가르침은 동서를 막론하고 많습니다. 중세 그리스도교 신비주의자들은 '신비의 길(mystical path)'이라고 하여 첫째로 '자의식을 갖고(self-awareness)', 둘째로 '정화(purification)의 단계를 지나', 셋째로 '조명(illumination)하는 단계'를 거쳐, 마지막으로 '합일(union)의 단계'에서 목적을 이룬다고 보았습니다.[4]

중국 고전 『장자』에도 득도의 단계를 이야기하는 '득도의 7단계'가 있습니다. 도를 터득한 사람이 성인의 재질이 있는 사람을 가르치는데, 사흘이 지나 세상을 잊는 체험에서 시작하여 얼마 지나자 외적 사물을 잊고, 또 얼마를 지나자 삶을 잊고, 그렇게 되자 아침 햇살 같은 밝음(朝徹)을 얻고 이어서 '하나'를 볼 수 있고, 하나를 보게 되자 과거와 현재가 없어지고, 마지

4 자세한 것은 Evelyn Underhill, Mysticism (New York: Dover Publications, 2002) 참조.

막으로 죽음도 없고 삶도 없는 경지라는 완전한 의식의 변화를 이루게 된다는 이야기를 하고 있습니다.[5]

불교의 경우 대표적인 것으로 '보살의 길'을 들 수 있을 것입니다. 진리를 듣고, 깨우치겠다는 마음을 일으키고, 서원을 하고, 확신을 보장받고, 여섯 가지 실천사항을 완수하고 마지막인 열 단계가 '십지(十地)를 오름'입니다.[6]

앞에서 말한 『도마복음』에 보면 예수님이 제자들에게 "나그네가 되십시오."라고 말합니다.[7] 나그네가 되라는 말은 길을 떠나라는 말입니다. 물론 여기서는 공간적으로 먼 길을 떠나라는 말보다 현실에 안주하지 말고 새로운 차원의 실재를 발견하기 위해, 인식의 지평을 넓히기 위해, 지금껏 간직하고 있던 고정관념에서 벗어나 영적 성숙에 이르기 위한 정신적 길을 떠나라는 말이라 할 수 있습니다.

미국의 신화학자 조지프 캠벨(Joseph Campbell)은 『천의 얼굴을 가진 영웅』이란 책에서 세계 여러 영웅 신화에 나오는 영웅들의 이야기를 종합하여 살펴보면 하나의 기본 패턴이 나온다며, 이를 모티프(monomyth)라고 하였습니다. 처음 '출발'에서

---

5 장자 지음, 오강남 옮김, 『장자』(현암사, 1999).

6 오강남 지음, 『불교, 이웃종교로 읽다』(현암사, 2006).

7 오강남 풀이, 『도마복음』(예담, 2009).

시작하여 '관문'을 통과하고, 나의 본바탕과 하나가 되는 방식의 '목적한 바'를 이룬 다음 다시 '귀환'하는 네 가지 주제를 중심으로 꾸려진 내용이 신화의 기본 구조라는 것입니다.

『도마복음』에 보면 무리에서 벗어난 양의 이야기가 나옵니다. 성경 공관복음서에서는 이 양을 길 잃은 양이라고 하여 불쌍한 양, 그래서 목자가 길 잃고 헤매는 양을 찾아 나선다고 하는 데 반하여, 『도마복음』에서는 그 양이 다른 양들이 사는 일상적 삶의 방식에 만족하지 못하고 무리들을 벗어나 뭔가 의미 있는 것을 찾아 나서는 '무리 중 제일 큰 한 마리' 특출한 양으로 묘사되어 있습니다. 목자는 그 양을 찾고는, "나는 아흔아홉 마리 양보다 너를 더 귀히 여긴다."고 했습니다.[8]

1970년대 선풍적인 인기를 끌었던 『갈매기의 꿈』이 바로 그런 이야기입니다. 조나단 리빙스턴이라는 갈매기는 다른 갈매기들이 어선 뒤나 따라다니며 생선을 주워 먹느라 시간을 보내고 있을 때, 그런 삶에 만족하지 못하고 비상(飛翔)의 신비를 알아내겠다고 갈매기 무리를 떠나 밤낮으로 나는 연습을 합니다. 그러다가 결국 날아다님의 새로운 차원을 발견합니다. 자기의 참 자아, 참된 정체성을 찾은 것입니다. 그리고 갈매기

---

8 조지프 캠벨 지음, 이윤기 옮김, 『천의 얼굴을 가진 영웅』 (민음사, 1999).

무리로 들어가 자기가 발견한 것을 말해 줍니다.[9]

아무쪼록 이 책이 삶의 깊은 차원에 관심 있으신 분들이 길을 찾아 나서실 때 일종의 나침반 역할을 할 수 있다면 이런 책을 낸 이들로서 이보다 더 큰 기쁨이 없을 것입니다.

9 리차드 바크 지음, 공경희 옮김, 『갈매기의 꿈』 (나무옆의자, 2018).

여행을 떠나며 나는 하나의 과정입니다

성소은

('경계 너머 아하!' 대표)

로봇과 공존하는 시대를 살게 된 우리는 이미 많은 것을 알고 있습니다. 인류 역사상 최고로 발현된 인간의 지능은 최첨단 기기에 둘러싸인 일상으로 가시화되었습니다. 그런데 우리의 마음은 전기로는 충전될 수 없기에 삶이 기계화될수록 '나'는 부유(浮游)합니다.

일하는 법에 익숙해지면 쉬는 법은 잊고 말았습니다. 일은 흡사 기계가 하는 것처럼 능한데, '혼자 있는 나'에는 마냥 서툴기만 합니다. 어느 날엔가 존재하는 법을 몰라 교차로에 우두커니 서 있는 낯선 나와 조우하게 됩니다. 내가 서 있는 곳이 어딘지, 어디를 향해 발을 내디뎌야 할지 가뭇해질 때가 있습니다. 지금이 그때인가요? 우리의 발길이 생의 동지(冬至), 밤이 가장 길고 깜깜한 날에 이르렀다면 정중한 인사로 마중합니다.

"여기까지 오시느라 수고 많으셨습니다.
그리고 축하합니다. 멋진 여정의 출발에 서신 것을."

저도 십수 년 전 왜 살고, 어떻게 살아야 하는지를 묻는 굵직한 물음표를 안고, 씨름을 했습니다. 장래희망이 '해탈'이었던 신실한 교인이었고 선불교 명상인 참선 수행을 하면서 어둠을 가르는 밝은 빛을 볼 수 있었습니다. 환희로 출가를 단행하고, 또 다른 기쁨으로 환속하는 과정에서 이윽고 눈뜬 삶, 소유가 아닌 존재하는 삶으로의 전환을 이루었습니다.

저에게 나를 찾는 여정은 기독교인으로서의 갈등으로부터 시작된 것이었기에 어쩔 수 없이 종교적인 방황이 되었습니다. '진리 안에서 자유할 수 있다.'는 예수님의 선언이 '그런 교회'에서는 실현될 수 없는 난제라는 사실을 알게 되면서 기독 신앙을 졸업했습니다. 교회를 나와 성공회라는 다리를 건너 불교에 이르렀고, 이 모두가 하나로 통합되는 '나를 찾는 순례'였음을 알게 되었습니다. 이전의 삶이 잘나고 싶은 욕심으로 살았던 에고의 삶이었다면, '여행' 이후의 삶은 헛된 욕망을 내려놓은 참나의 삶이라고 이름하고 싶습니다.

떠났던 곳으로 다시 돌아온 후 둘러보니, 이전에는 보이지 않았던 숱한 길들이 눈에 듭니다. 내가 간 길은 '하나의 길'이었을 뿐, 존재의 어둠에 빛을 발하는 통로는 곳곳에 나 있었습니다. "나는 왜 없지 않고 있는가?"를 자문했던 존재론의 아버지 파르메니데스로 시작된 인간의 사유는 서양철학사 2,000여 년을 관통하며 치열하게 이어져 왔습니다. "너 자신을 알라."는 명언을 남기고 당당하게 존엄한 죽음을 택했던 소크라테스, 현상계에 의심의 시선을 던지고 이데아(idea)라는 초자연적 세계로 인간의 의식을 확장시켰던 플라톤으로 서양철학은 첫 꽃망울을 터트렸습니다. 왜(why)보다 어떻게(how)를 고민했던 윤리적 사유의 궤적도 칸트에 이르러 완전한 몸통을 이루고, 니체에서 날개를 답니다.

한편 기원전에 이미 『우파니샤드』와 『도덕경』을 남겼던 동양철학은 '분리된 나'로 시작된 서양의 이분법적 사유와는 달리 '전체인 나'라는 통합적 사유로 시작부터 다른 차원을 보여 줍니다. 동서양의 지혜가 녹아내린 성찰은 멀리 갈 것도 없이 한국 땅에서 솟아오른 샘물을 길어 마시면 됩니다. 동학사상이 그렇고 류영모·함석헌의 씨알사상이 그렇습니다. 종교, 철학만이겠습니까? 나에게로 난 창(窓)은 문학, 예술, 심리, 과학에도 크게 나 있어, 저마다의 방식으로 날개를 달고 자유를 향해 날아오릅니다. 대도무문(大道無門)입니다.

이 책은 나로 살고자 하는 이들에게 보내는 한 통의 따듯한 편지입니다. 지금까지의 나 말고, 오래전부터 나를 기다리는 '또 다른 나'를 만나고 싶다면 주저하지 말고 길을 나서기 바랍니다. 주인공이 되는 근사한 여정이 벗님을 기다리고 있습니다. 이 여행을 해야 하는 이유는 350가지도 더 말할 수 있지만, 딱 하나만 귀엣말로 전하겠습니다. 나를 아는 것이 모든 것을 아는 초석이기 때문입니다. 메타인지, 앎을 위한 앎, 모든 것의 바탕이 되는 앎입니다. 아는 게 힘이라면 우리에게는 이미 많은 힘이 있지만, 그것을 사용할 줄 모른다면 무용지물(無用之物)일 뿐입니다. 쓸 줄 모르는 힘은 무지(無知)입니다. 무지는 불안과 결핍, 불필요한 고통으로 삶을 훼손합니다. 힘 중에서 가장 센 힘, 진정한 힘은 '나를 아는 힘'입니다.

나를 아는 공부에는 '스승'이 절실합니다. 내가 나를 100퍼센트 믿을 수 있기 전까지는 내 공부를 의탁할 수 있는 스승이 있어야 바른길(正道)에서 벗어나지 않기 때문입니다. 『범망경(梵網經)』에는 심어 둔 선근에 따라 얻게 되는 인연을 이렇게 설하고 있습니다.

"1천 겁의 선근을 심으면 한 나라에 태어나고, 2천 겁에 하루 동안 길을 동행하며, 3천 겁에 하룻밤을 한집에서 지낸다. 4천 겁에 한 민족으로 태어나고, 5천 겁에 한동네에 태어나고, 6천 겁에 하룻밤을 같이 잔다. 7천 겁은 부부가 되고, 8천 겁은 부모와 자식이 되고, 9천 겁은 형제자매가 된다. 1만 겁은 스승과 제자가 된다."

스승을 만나는 인연이 얼마나 귀하고 소중한지 여실히 전하는 경구입니다. 참 스승 만나기가 왜 그렇게 어려운지도 고개가 끄덕여집니다. 사람만 스승이 아닙니다. 정신을 갈아 넣은 책 한 권은 사람 못지않은 훌륭한 스승이 되고, 삶의 이정표가 되고, 외로운 길에 든든한 벗이 되기도 합니다. 이 책이 담고 있는 27권의 책은 '스승 같은 책'입니다. 참다운 내가 될 수 있도록 가야 할 길을 조명해 주는 책을 의식이 자라나는 과정을 그려 놓은 십우도(十牛圖)에 견주어 '10가지 분야, 10단계'로 담아 놓았습니다.

혼란 속에서 성찰을 시작하고(尋牛), 얼핏 나의 본성을 보고(見跡), 명상을 통해 나의 참모습을 알아차리고(見牛), 의식을 이해하고(得牛), 뇌와 마음의 작용을 길들이고(牧牛), 심리를 가지런히 합니다(騎牛歸家). 이 모든 단계는 삶에 집중하는 서양철학(忘牛存人)과 텅 빈 물질세계를 증명하는 현대과학(人牛俱忘), 근원으로 돌아가라는 동양사상(反本還源)으로 견고해져 이전과는 전혀 다른 새로운 삶(入鄽垂手)을 살게 합니다. 나와 남을 이롭게 하는 탁월한 삶의 주인공으로 거듭남입니다. 십우도의 여정은 내가 나를 낳는 여행입니다.

다시 없을 이번 생이 헛되이 끝나게 둘 수는 없는 일입니다. 내가 누구인지를 아는 일은 나와 세상을 보는 시력을 밝히는 일이기도 합니다. 보이지 않는 것을 보는 시력은 의식입니다. 의식이 성장할수록 불안은 작아집니다. 경계 없이 확장된 의식은 가장 큰 두려움인 죽음조차 작아지게 하는 힘이 됩니다.

성숙한 의식에게 주어진 생은 기회로 충만합니다. 어떤 기회입니까? 한시도 쉬지 않고 제 일을 하는 심장처럼 생동하는 '생의 약동, 엘랑 비탈(élan vital)'입니다. 쇼펜하우어를 잇는 생의 철학자이자 노벨 문학상을 수상했던 프랑스 철학자 앙리 베르그송의 말입니다. "의식으로부터 생과 생의 모든 창조적 가능성이 생겨난다."[10] 우리가 의식의 도약을 이룰 수 있다면 생은 전혀 다른 차원의 경험으로 우리의 노력에 보답합니다.

---

10 새뮤얼 이녹 스텀프·제임스 피저 지음, 이광래 옮김, 『소크라테스에서 포스트모더니즘까지』(열린책들, 2004).

"나는 하나의 경향성이고, 매 순간 완성되는
하나의 과정입니다."

여행의 묘미는 지속하는 과정에 있습니다. 마음에 품는 순간부터 여행은 시작된 것입니다. 미지의 땅이 불안 아닌 설렘이면 좋겠습니다. 헬렌 켈러의 고백처럼 삶은 하나의 모험이거나, 그렇지 않으면 아무것도 아니니까요.

나를 향한 모험을 떠나셨으니 그 여행이 축제가 되기를 소망합니다. 다양한 톤으로 흔적을 남긴 저자들은 한발 앞서 '십우도 여행'을 한 이들이기도 합니다. 산티아고 순례길에 새겨진 조가비 무늬처럼 먼저 걸은 이들이 남겨 놓은 27개의 자취가 한 편의 교향곡처럼 어우러져 어느 악장에선가 벗님의 가슴에 '스윽' 스며들 수 있다면 뛸 듯이 기쁜 일입니다.

'읽는 일'은 탁월한 인지의 시작입니다. 다독(多讀), 미독(味讀), 재독(再讀) 등 부디 즐거운 독서로 '나만의 소를 찾아 떠났다가 새로이 돌아오는' 신나는 여정이 되시길 응원합니다. 부엔 까미노(Buen Camino)![11]

---

11 '부엔 까미노'는 스페인어로 '좋은(buen) 길(camino)'을 의미하는 말로 실제로 산티아고 순례길을 걷는 순례자들이 길 위에서 마주칠 때 자연스럽게 주고받는 인사말이다. 한국어로 의역하자면 언제 어느 길목에서 만나든지 "안녕하세요. 당신의 순례를 응원합니다."라며 서로의 순례를 격려하는 마음의 인사다.

차례

곽암의 십우도와 구성

십우도(十牛圖)란 물론 10장의 소 그림이다. 목동이 소를 찾아 나서서 소를 발견하고 다시 사람들에게로 돌아오는 경험을 그리고 있다. 선불교에서 선(禪) 체험을 통해 참나를 찾는 과정을 소 찾는 그림으로 표현한 것이다.

6세기 중국 남조(南朝)의 보명(普明) 선사가 그린 목우도(牧牛圖)라는 것도 있지만 더욱 잘 알려진 것은 12세기 중국 송나라의 곽암(郭庵)이라는 임제종 선사가 그린 것이다. 이 책에서는 곽암 선사의 그림을 바탕으로 오늘날 독자들의 시각에 맞추어 새롭게 그린 그림을 넣었다.

십우도는 모두 동그란 원 안에 그려져 있는데, 그것은 이런 경험이 모두 '지금 여기' 현실 세계 안에서 이루어질 수 있는 경험이라는 것을 상징한다고 해석하기도 한다. 10장의 그림이란 다음과 같다.

1. 소를 찾아 나서다		심우(尋牛)
2. 소의 발자국을 보다		견적(見跡)
3. 소를 보다		견우(見牛)
4. 소를 얻다		득우(得牛)
5. 소를 길들이다		목우(牧牛)

6. 소를 타고 집으로 돌아오다		기우귀가 (騎牛歸家)
7. 소를 잊고 사람만 남다		망우존인 (忘牛存人)
8. 사람도 소도 다 잊다		인우구망 (人牛俱忘)
9. 근원으로 돌아가다		반본환원 (返本還源)
10. 저자로 들어가 도움의 손길을 펴다		입전수수 (入鄽垂手)

각 장의 그림에는 제목과 서(序)와 송(頌)과 화(和)와 우(又)라는 각각 네 줄짜리 짧은 시가 붙어 있는데, 제목과 그림과 송

(頌)은 곽암 선사 자신의 것이고 나머지는 다른 이들이 이에 화답하는 형식으로 덧붙인 것이라고 한다. 여기서는 송만 옮기고, 고(故) 이기영 교수와 조광호 님이 번역한 것을 참고하여 필요에 따라 약간씩 수정하면서 우리말로 풀었다.[12] 우리의 주 관심이 한문 공부를 하는 것이 아닌 만큼 한문 원문의 글자 하나하나에 대한 풀이는 생략했다. 그 대신 영어가 더 이해하기 쉽다고 여길 독자들을 위해 선불교를 서양에 소개한 D. T. 스즈키의 영역(英譯)을 첨부했다.[13]

12 廓庵 箸, 李箕永 譯解, 『十牛圖』(韓國佛敎硏究院, 1995), 조광호 역해, 『십우도』

13 D. T. Suzuki, Manual of Zen Buddhism (New York: Grove Press, 1960).

1 심우尋牛
소를 찾아 나섬

망망하다. 잡초를 헤치며 쫓아가 찾는구나
넓은 물, 먼 산, 길 또한 깊은데
지치고 힘없어 갈 곳 찾기 어려워라
오로지 들리네, 때늦게 매미 한 마리
단풍나무에서 우짖는 것이

Search for the Ox

Alone in the wilderness, lost in the jungle,
the boy is searching, searching!
The swelling waters, the far—away mountains,
and the unending path;
Exhausted and in despair, he knows not where to go,
He only hears the evening cicadas singing
in the maple—woods.

茫茫撥草去追尋
水闊山搖路更深
力盡神疲無處覓
但聞楓樹晚蟬吟

제일 처음 밟는 단계는 스스로 부족함을 자각하고 지금의 자기 삶에 만족하지 못하여 집을 나서는 것이다. 여태까지 '당연한 것으로 여기던 인습적인 삶'에서 무언가 모자라는 것 같은 실존적 한계를 절감했기 때문이다. 불교적 용어로 하면 고집멸도(苦集滅道)에서 고(苦)를 감지하는 단계다. 질식할 것 같은 절망과 불안의 상태에서 좀 더 보람되고 의미 있는 것을 동경하고 그것을 찾아 나서게 된다.

찾아야 할 보람되고 의미 있는 그 무엇을 십우도에서는 '소'로 상징한다. 그 소는, 앞에서 지적한 것과 같이, 본래 내 안에 있었지만 나의 무명(無明)과 미망(迷妄)에 의해 지금껏 의식하지 못하고 살아온 나의 무한한 가능성이다. 이 무명과 망상의 어둠을 뚫고 새로운 나를 찾으려 발돋움하는 것이 바로 첫째 그림 심우(尋牛), 곧 '소를 찾아 나섬'이다.[14] 물론 이 소는 사람에 따라, 혹은 그 사람의 사정이나 시기에 따라 다른 여러 가지를 상징할 수 있다. 독자는 각자 자기가 찾아 개발하고자 하는 그 무엇을 소로 상정하고 그것을 찾아 나선다고 상상하면 좋을 것이다.

소를 찾아 나선다고 했지만 아이러니하게도 이 소는 본래 내 안에 있었다. 이 그림에 연결된 서(序)에서 언급된 것처럼, "본래 잃은 바가 없다(從來不失)." 오직 지금껏 이를 의식하지 못하고 있었을 뿐이다. 의식의 변화가 필요한 것이다. 이 의식의 변화에 따라 한 발 나섬을 불교적 용어로 하면 발보리심(發菩提心, bodhicitta-utpāda)이다. 다석 류영모 선생의 용어를 빌리면 지금의 '제나'에서 진정한 나인 '얼나'를 발견하기 위한 여정의 첫 걸음이다.

물론 이렇게 소를 찾아 집을 나서는 것은 쉬운 일이 아니다. 유대교, 그리스도교, 이슬람교에서 '믿음의 조상'으로 받드는 아브라함이 '갈 바를 알지 못하고' 집을 떠나는 것과 같은 용기와 결의가 필요하다. 한 가지 분명히 알아둬야 할 것은 여

14 내 안에 잠재적으로 내재한 이 무한한 가능성을 불교 용어로 표현하면 '불성(Buddha Nature), 본마음(Original Mind), 혹은 본성(True Nature)'이라 할 수 있다.

기서 소를 찾아 집을 떠난다고 했지만 그것이 지리적, 장소적 이동만을 의미하는 것이 아니라는 사실이다. 더욱 중요한 것은 내게 익숙해진 고정관념, 상식적이고 통상적인 이분법적 시각, 당연하다고 여기던 마음, 편견, 선입견에서 떠나는 것이다. 다시 말하지만 우리의 여정에서 가장 중요한 것은 이와 같은 내면적 '의식의 변화'다.

많은 영웅 신화에서 이렇게 집을 떠나면 반드시 괴물이나 맹수나 유혹자가 나타나 집으로 되돌아가라고 위협한다. 조지프 캠벨에 의하면 이는 익숙했던 환경에서 알지 못하는 곳을 향해 나아갈 때 가지게 되는 두려움과 의심과 불안을 신화적으로 표현한 것이라고 한다.[15]

집을 떠난 목동은 망망한 들판 잡초가 우거진 곳에 우뚝 서 있다. 막상 떠나고 보니 소가 어디 숨어 있는지 보이지도 않는다. 물 건너고 산 너머 끝이 보이지 않는 길이 앞을 가린다. 그래도 찾아야 하기에 계속 찾아 나서는데 소는 보일 기색이 없다. 절망적이다. 내 안에 편만한 욕망과 편견과 망상의 숲이 시야를 가려, 이미 내 안에 있는 그 소를 볼 수 없는 상태다. 오로지 단풍나무 위에서 우는 매미 소리만 들린다. 감각의 세계

15 알지 못함을 끌어안을 수 있는 지혜를 다룬 책으로 Estelle Frankel, 『The Wisdom of Not Knowing: Discovering a Life of Wonder by Embracing Uncertainty』 (Boulder: Shambala, 2017) 참조.

에서 일어나는 것만 감지할 뿐이다.

다음에 소개하는 두 권의 책들은 기본적으로 우리 인간이 지금의 나를 의식하고 참나를 찾으려는 마음을 일으키게 해주는 것들이다. 이 책들의 해설을 이정표 삼아 각자 스스로의 여정에 힘이 되는 독서로 이어지게 되기 바란다.

초심자의 행운

파울로 코엘료『연금술사』

20여 년 전 한 편의 영화가 전 세계 사람들에게 신선한 충격을 던졌다. 우리가 살고 있는 세상이 가짜일지도 모른다는 낯선 시선을 품게 한 영화「매트릭스」다. 지금은 흔하게 경험할 수 있는 가상현실(VR)과 증강현실(AR)이 일상을 파고들기 훨씬 전의 일이다.

지금의 나를 있게 해 왔던 세계가 실은 모조리 가상이었고 진짜인 줄 착각하며 살아온 미망의 세계라고 한다면 나는 어떤 선택을 하게 될까? 속은 채로 무지의 안락을 이어 갈 수도 있고, 혼란스럽고 고통스럽지만 진실을 알고자 할 수도 있다. 주인공 네오에게 제시된 선택의 과제가 내 앞에 놓이게 될 때가 있다. 지금 이 책을 손에 들고 있다면 이미 빨간약을 마신 네

오다. 조종되는 삶을 거부하고 참을 밝혀내는 진짜 삶을 살기로 한 용기 있는 사람이다.

십우도의 첫 그림 심우(尋牛)를 가장 잘 표현해 주고 있는 책, 파울로 코엘료의 『연금술사』도 선택이 갖는 인생의 의미를 조명하는 것으로 시작한다. 양치기 소년이 순례자가 되어 길을 나서는 산티아고의 여정은 매 순간 내면에게 "예."를 말하는 검은 돌 '우림'과 "아니오."로 답하는 하얀돌 '툼밈'이 놓은 길이다.

인간의 삶은 결국 '예와 아니오'라는 두 가지 색연필로 그린 한 장의 그림이다. 매 순간의 선택 혹은 선택하지 않음이라는 선택으로 한 칸씩 칠해지고, 한 발자국씩 자신만의 세상으로 나아가기 때문이다.

'나는 지금 내가 원하는 모양으로 그림을 그리고 있는가?' 하는 물음에 "예."하고 주저 없이 우림을 꺼내 보일 수 있는 사람이 얼마나 될까. 이제는 내 차례다. 주머니 속에서 만지작거리기만 했던 검은 돌 '우림'을 바통처럼 움켜쥐고, 나답게 살 수 있는 집을 찾아 나설 때다. "길을 아는 것과 그 길을 가는 것은 다르다."는 「매트릭스」의 명대사처럼 길 위에는 우리의 여행을 환영하듯 혼란과 도전이 기다리고 있을 것이다.

소설 『연금술사』는 '그 무엇'을 찾아 나선 이들의 시작을 응원하고 축복하는 이야기로 가득 차 있다. 16살까지 라틴어와 스페인어, 신학을 공부한 주인공 산티아고는 신부가 되는 것보다 정말 해 보고 싶은 일이 있었다. 은밀한 내면의 바람은 반복되는 꿈으로 말을 걸어왔다. 한 아이가 나타나 이집트의 피라미드로 데려가는 꿈이다. 아이는 이렇게 속삭였다.

> "만일 당신이 이곳에 오게 된다면 당신은 숨겨진 보물을 찾게 될 거예요."

숨겨진 보물이 있다고? 그곳은 어딜까? 막연했던 바람은 구체적인 질문이 되어 산티아고를 움직이게 한다. 여행이 좋아 양치기를 선택한 산티아고는 이제 더 넓은 세상이 알고 싶어졌다. '숨겨진 보물'을 찾아내는 것이 신이나 인류의 죄악에 대해 아는 것보다 중요한 것 같았다. 그럼에도 불구하고 의문투성이다. 사람들은 어째서 신학교에서 신을 찾겠다고 하는 것인지, 어떤 사람들은 그렇게도 빨리 삶의 이유를 다 아는 양하고서는 왜 그토록 빨리 포기하는지. 현실에서는 어느 것 하나 확실한 게 없었지만 내면의 물음과 울림은 나침반처럼 한 방향을 가리키고 있었다.

산티아고는 이런 내면의 소리에 '우림'으로 답한다. 양들에게 묶여 있을 때에는 원하는 곳을 마음대로 갈 수 있는 바람의 자유가 부러웠다. 그리고 이내 깨닫는다. 나 역시 그렇게 할 수 있음을! 떠나지 못하게 막는 것은 아무것도 없음을. 그 자신 말고는.

남들이 어떻게 생각하는지는 더 이상 중요한 일이 아니다. 내가 이룰 수 있는 '자아의 신화'가 있고, 그 꿈을 실현할 능력을 믿기로 결정하면서 산티아고의 보물찾기 여정은 본격화된다. 도상 위의 수많은 표지(標識)들, 소리 없이 다가오고 말을 걸어오는 상징들과 함께.

> "'무언가를 간절히 원할 때, 온 우주는 자네의 소망이 실현되도록 도와준다네.' (…) '그걸 은혜의 섭리라고 부르지. 바로 초심자의 행운이라는 거야. 그런 행운이 따르는 건 자네의 삶이 자네가 자아의 신화를 이루며 살아가길 원하기 때문일세.'"

양치기 생활을 뒤로하고 보물이 잠자고 있을 곳, 피라미드를 향해 떠난 산티아고는 숱한 일을 경험하고 다양한 사람들을 만나면서 모두에게 통하는 '만물의 언어'를 알아차리게 된다. 여정은 납이 금으로 변하는 존재의 연금술이 일어나는 순환과정이었다.

산티아고의 보물은 무엇이었을까? 여기와 동떨어진 저기 어딘가에 있는 특별한 무엇일까? 그럴 수 없다. 산티아고가 일궈 낸 보물은 자연과 세계를 하나로 보게 된 '자아의 신화'이자 그것을 알아차리기까지 두려움 없이 나선 매 순간이었다. 신과 조우하는 빛나는 시간들. 그리고 나의 보물은? 우리 모두에게는 각자의 보물이 있다. 내가 찾아 주기를 하염없이 기다리고 있는 그것.

대부분의 사람들은 먹고사는 일에, 욕망을 자극하는 감각의 세계에 빠져 있어 자신만의 보물을 잊고 있다. 그 사실을 알지 못하고, 알아도 찾으려 들지 않으며, 찾으러 나섰다가도 중도에 포기하고 만다. 아주 소수의 사람, 용기와 신념을 견지하는 사람만이 자신의 보물을 찾아 이윽고 '자아의 신화'를 이루어 낸다. '그 무엇'을 찾으러 떠난 순례자는 걸음을 옮길 때마다 이미 더 충만한 사람이 되고, 주위를 밝히는 사람이 되며, 드디어 세상의 모든 것을 받아들일 수 있는 큰 사랑의 주인공이 된다. 스스로 구원에 이른 자, 그는 어디에서 무엇을 하든 대지의 희망이 된다.

파울로 코엘료는 법학을 공부했지만 연극을 연출하고, 극을 쓰고, 기자로 살다가, 히피가 되기도 한다. 이 일에서 저 일로 전전하던 어느 날 모든 것을 내려놓고 산티아고 데 콤포

스텔라로 순례를 떠난다. 이후 집필한 『연금술사』는 "소설을 쓰면서 나 자신을 만났다."라고 고백하는 코엘료 자신의 보물 찾기 여정이었다. 숱한 방황과 흔들림 속에서 길어 낸 한 권의 책으로, 그는 가장 많은 언어로 번역돼 기네스북에 오른 작가가 되었다.

나는 무엇을 할 수 있을까? 내 영혼의 지도를 펼치고 수천 년 전부터 나를 기다리고 있을 내 보물을 찾아 '내가 가야 할 길', '나만이 닿을 수 있는 길'을 향해 떠나 보는 거다. 모든 순례자들에게는 초심자의 행운이 깃든다는 비밀이 있다. 우리가 더욱더 깊이 존재하기를 바라는 만물이 내리는 선물이다.

> "그대 자신을 절망으로 내몰지 말게. 그것은 그대가 그대의 마음과 대화하는 걸 방해만 할 뿐이니. 꿈을 이루지 못하게 만드는 것은 오직 하나, 실패할지도 모른다는 두려움일세. 정녕 걱정하지 말게."

현자의 축복이다. 도마복음은 '찾는 이'를 이렇게 격려한다. "추구하는 사람은 찾을 수 있을 때까지 계속해야 합니다. 찾으면 혼란스러워지고, 혼란스러워지면 놀랄 것입니다. 그런 후에야 그는 모든 것을 다스릴 수 있습니다."[16]라고. 십우도에 나오는 목동처럼 혼란을 딛고 나를 찾아 집을 나서는 이에게 '초심자의 행운'이 동행하기를.

16 도마복음 2절. 오강남 풀이, 『또 다른 예수』(예담, 2009).

메타노이아

오강남 『예수는 없다』

"제목이 도발적이라고 생각하시는 분들은 책을 한 번 끝까지 읽어 주시기 바랍니다. 읽으시고 내용이 마음에 들지 않으면 그때 가서 저는 그분의 의견을 존중하고 싶습니다."[17]

새 천년이 열리는 2001년에 특기할 만한 책이 한 권 출판되었다. 필자를 십우도 여정에 오르게 하고, 수많은 한국인의 기독 신앙을 밑동부터 뒤흔들어 놓았던 책, 『예수는 없다』이다. 20여 년 전, 책을 선물 받아 놓고서 1년이 지나도록 제목

17 이 문구는 2001년 5월에 나온 초판에 실린 내용이다. 2017년 2월에 나온 개정판에서는 삭제되어 아쉬움으로 남는다. 여전히 이 책의 제목을 버거워하는 많은 그리스도인들에게 조금은 마음을 열 수 있게 하는 따뜻한 첫인사이자 '필요한 요청'이 되기 때문이다.

이 보이지 않게 뒤집어 꽂아 두어야 할 만큼 필자에게도 몹시 불경스러운 책이었다. 그러던 어느 날 책 표지 안쪽에 작은 글씨로 앉혀져 있던 저자의 정중한 권고의 말에 이끌려 겉장을 열어 보게 되었고, 이후 존재의 질적 변화를 경험한 연금술의 주인공이 되었다. 때로 책 한 권은 산을 옮기고 남을 만한 힘이 된다.

『예수는 없다』는 그동안 한국 교회 안에서 당연하게 통용되고 강화되어 왔던 '가짜 복음'을 하나하나 살펴본다. 하나님이 저기 하늘 꼭대기에 계신 분인지, 성경은 정말 일점일획도 틀림이 없는 것인지, 예수는 동정녀에게서 태어난 금발의 백인 남자인지, 십일조를 하지 않고 주일마다 교회에 가지 않으면 벌을 받거나 천국은 요원한 것인지 조목조목 짚어 준다.

책을 통해 독자들은 덮어놓고 믿음만을 강조해 온 교회 생활로 미처 생각해 보지 않았던 일들을 의식하게 된다. 가려운 곳은 긁어 주고, 궁금증은 풀어 주며, 두려움은 가시게 하면서. 기독 신앙이라는 것이 무엇이며, 내 믿음의 좌표는 어디쯤에 있는지 스스로 알아차리게 하는 일련의 해오(解悟)다.

존재 자체가 논란이 된 『예수는 없다』는 2001년 출간과 함께 전국을 떠들썩하게 하는 논쟁과 관심의 한가운데 서게 되었고, 많은 그리스도인들을 무지에서 해방하게 하는 '진짜 복음'으로 자리매김했다.

오늘날 대다수 서구사회에서는 성경과 신에 대한 다원적 관점이나 이웃 종교에 대한 열린 자세, 소통은 상식이 되었다. 세계에서 가장 부유하고 안전하며 살기 좋다고 하는 북유럽 국가에서도 권력 혹은 제도로서의 종교는 거의 자취를 감추고, 그 역할을 건강한 공동체가 대신하고 있다. 반면 한국은 아직도 "우리 엄마, 우리 아빠만 최고야."라는 근본주의 신앙과 이웃 종교에 대한 배타적 시선을 거두지 못하고 있는 게 사실이다. 유아적 신앙에서 성장이 멈추어 있다. '발달장애' 현상이 극심하다. 이미 자본화되고 기득 세력이 된 교회가 구성원들의 지적 성장과 영적 발전을 원하지 않거나 두려워하고 있는지도 모른다.

제목만으로도 당혹감을 주고, 세상에서는 상식이 된 내용이 여전히 누군가에게는 혼란이 되는 이유가 무얼까? 경직되고 왜곡된 한국의 기독 신앙에 있다. 그리스도교 신앙의 건전성은 크게 세 가지로 진단할 수 있다. 성경관과 신관(神觀), 그리고 '종교란 무엇인가'에 대한 신앙적·존재론적 의미다. 예수를 얼마나 올바로 믿고 있는가는 "신과 성경을 어떻게 이해하고 있는가?"에 달려 있다고 해도 좋을 만큼 핵심적인 내용이다.

신에 대한 논의는 여러 가지가 있다. 신이 여럿이라는

다신론(多神論, polytheism), 여러 신들의 존재를 인정하면서도 하나의 특정 신을 최고로 받드는 단일신론(單一神論, henotheism), 신은 오직 하나뿐이라는 유일신론(唯一神論, monotheism) 등이다.

우리 모두가 알고 있듯 기독교는 대표적인 유일신 종교다. 하지만 저자는 기독교야말로 '실제적 다신론'이자 '실제적 무신론'이라고 말한다. 전자는 상당수의 기독교인들이 기독교의 하나님과 이슬람의 알라, 힌두교의 시바, 한국의 전통신인 한울님 등을 별개의 존재라 생각하고 있기 때문이며, 후자는 입으로는 신을 고백하지만 실제 생활에서는 신이 없는 것처럼 행동하며 살아가고 있기 때문이다.

오히려 참된 유일신자라면 신이라고 하는 궁극의 실재를 '경계 지을 수 없는 전체(the seamless totality)'로 보아야 하며, 여러 신들은 하나의 신에 대한 각이한 견해(views)이자 생각(ideas)이며, 또 다른 표현(expressions)이고, 관념(concepts)으로 볼 수 있어야 한다는 것이다.

이를 위해 가장 먼저 극복해야 할 것은 '우리 부족, 우리 민족'만을 위하는 부족 신관(tribal god)과 죄를 빌미 삼아 행동을 통제하는 율법주의적 신관이다. 신의 눈치나 보며 순종을 강요받는 기계적인 삶은 그 자체가 '수고하고 무거운 짐'이 되기 때문이다. 이런 기독교라면 '진리 안에서 자유'를 선포한 예수가 계실 리 만무하다. 그러므로 "예수는 없다."

두 번째로 성경 이야기다. 대체 '성경대로' 믿는다는 것이 무엇인가? 성경을 어떻게 받아들이고 읽어야 하는지에 대한 문제 제기와 역사적·고증적 논증이 이어진다. 믿음이 좋은 사람일수록 '성경이 하늘에서 뚝 떨어진 것인 양' 일점일획도 틀림없는 완전무결한 믿음의 대상으로 섬긴다. 대다수 한국 교회와 기독인들이 벗어나지 못하고 있는 문자주의의 바탕, 성경무오설(聖經 無誤設)이다.

성경 66권이 저마다 다른 시기, 다른 저자, 다른 시대적 환경에서 '사람의 손으로' 만들어지고 편집되었다는 '팩트'를 제공하고, 성경에서 상치되는 내용들을 어떻게 이해하고 받아들여야 하는지도 꼼꼼하게 안내한다. 인식론적으로만 따져보더라도 성경을 '그대로' 읽기란 불가능하며, 어쩔 수 없이 각자의 처지와 지적 능력, 영적 성숙, 문제의식에 따라 해석이 달라질 수밖에 없다.

성경은 사도들의 겸손을 고백한 말이기에 객관적 진실이 아닌 개별적 '사랑의 언어'로 읽어야 하며, 성경에 담긴 내용이 지금 우리의 삶에 어떻게 적용되고 반추될 수 있는지를 고민하며 읽어야 한다. 예수가 솔선한 '환기식 독법(evocative reading)'과 사랑과 정의를 중심 삼는 '윤리적 해석'이 원칙이 되어야 한다. 성경은 '달을 가리키는 손가락'이지 사사건건 믿음을 재단하는 잣대가 아니다.

저자는 종교를 각 전통별로 갈래짓는 종단(縱斷)이 아닌 통합하는 넓은 횡단(橫斷)으로 구분한다. 이른바 '표층종교와 심층종교론'이다. 거의 모든 세계 종교가 가지고 있는 표층과 심층의 특징에 주목한 것이다. 이 둘의 차이는 선명하다.

첫째, 목적의 차이다. 표층 종교가 이기적인 욕망의 주체인 '나 중심적'으로 움직인다면 심층 종교는 거듭나 자유와 해방을 만끽하는 '참나'를 찾고자 한다.

둘째는 신관의 차이다. 표층은 신과 나를 분리해 보는 초월 신관을, 심층은 나와 신이 서로 상즉(相卽)하고 상입(相入)하는 '하나'라는 범재신론(panentheism)의 입장이다.

셋째는 믿음의 차이다. 표층은 '무조건적 믿음'을, 심층은 '이해'와 '깨달음'을 강조한다.

넷째는 성경관의 차이다. 표층은 문자에 매달리는 데 반해, 심층은 문자를 넘어서 그 속에 들어 있는 의미와 '속내'를 궁구한다.

다섯째는 종교관의 차이다. 표층이 자기 종교만 진리라고 주장하는 배타적인 태도를 취한다면, 심층은 종교의 다양성을 인정하고 진리의 독점을 주장하지 않는 다원주의적 자세를 갖는다.

마지막으로 결과의 차이다. 표층은 집단 이기적 활동에 치우치는 한편 심층은 세상을 향한 이타적 실천으로 구현된다.

표층으로 시작할 수 있지만 심층으로 심화되는 과정을 밟지 않으면 안 된다. 어린아이가 부모를 전적으로 믿고 무조건적으로 따르지만 성장을 통해 늠름하고 독립적인 인격체로 자라나듯이, 우리의 믿음도 그래야 한다. 이런 노력을 게을리하거나 거부하면 신앙의 발달장애를 겪게 되어, 나도 괴롭고 남도 힘들게 하는 지경에 빠지게 되고 만다.

성숙에 필요한 것이 내적 각성, 메타노이아(Metanoia)다. '회개'라고 번역된 그리스어 원문으로, 내면 가장 깊은 곳에서 생기는 근본적인 의식의 개변(改變, transformation)을 뜻한다. 의식의 전환이다. "회개하라. 천국이 가까이 왔느니라."(마4:17)는 성경의 가르침이야말로 우리 속사람의 변화와 각성을 재촉하는 요청이라고 할 수 있다.

과학철학자 칼 포퍼(Karl Popper)는 "우리는 금수로 돌아갈 수 있다. 그러나 우리가 인간으로 남고자 한다면, 오직 하나의 길, 열린 사회로의 길이 있을 뿐이다."[18]라고 말하며 자유로운

18 칼 포퍼 지음, 이한구 옮김, 『열린 사회와 그 적들』 (민음사, 2006).

비판과 반증 가능성의 중요성을 피력했다. 『예수는 없다』를 읽는 의미와 가치가 여기에 있다. 유일하고 유한한 삶을 운영하는 데 있어 이 책이 내면의 허다한 물음표를 느낌표로 변화하게 하는 선한 목자이자, 닫힌 사회에서 열린 사회로 견인하는 옳은 방편이 되리라 믿는다.

탐욕과 폭력, 반(反)지성, 몰상식의 모습을 보이고 있는 한국의 기독 사회에 『예수는 없다』는 '예수의 재림'처럼 나타났다. 필자에게는 이전의 어린 신앙을 해체시키는 폭탄처럼 읽힌 책이다. 책을 덮고 난 직후에는 지축이 흔들리는 극심한 혼란이 있었지만, 훗날 '선방에서 만난 하나님'을 고백할 수 있는 엄청난 축복의 시작이 되었다.

'나'에게 손 내미는 거친 진리를 열린 마음으로 묵상하고 마중하면 어떨까? 이것이야말로 십우도의 첫째 단계인 소를 찾아 집을 나서는 일이다. 진리는 혼란을 가장하고 다가온다. 혼란이 만남의 시작이다.

2 | 견적見跡 자취를 봄

물가 숲 아래 발자국이 많건만
무성한 방초의 숲을 그대여 보았는가
그것이 깊은 산 더욱 깊은 곳일지라도
하늘을 향한 콧구멍 어떻게 그를 숨길 수 있으랴

Seeing the Traces

By the stream and under the trees,
scattered are the traces of the lost;
Sweet—scented grasses are growing thick—
did he find the way?
However remote over the hills and
far away the beast may wander,
His nose reaches the heavens and none can conceal it.

水邊林下跡偏多
芳草離披見也麼
縱是深山更深處
遼天鼻孔怎藏他

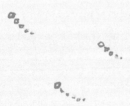

황망한 들판, 첩첩산중에서 이 길 저 길을 따라 헤매다가 드디어 '물가 숲 아래'에서 소의 발자국을 보았다. 서(序)에 의하면 열심히 '경전을 읽고' 다른 이들로부터 가르침을 받아 '금(金)으로 된 여러 형태의 그릇들이 있지만 그 본질은 결국 금이라는 사실'을 알아차린 단계라고 한다. 화엄종 법장(法藏)이 말한 금사자장(金獅子章)에 나오는 이야기이다. 금으로 된 사자상에 눈, 코, 귀, 입, 다리 등이 각각 다르지만 그 본질은 금이라는 사실을 깨닫게 된다는 것이다.

이제 선각자들의 가르침에 힘입어 어렴풋이나마 현상세계의 여러 가지 사물이 각각 다른 것 같지만 결국은 참나, 혹은 내 안에 있는 궁극실재의 각기 다른 외적 표현에 다르지 않다는 사실을 조금이라도 지각하기 시작했다고 볼 수 있다. 독립적 개체처럼 여겨지는 지금의 나는 본래적인 참나가 아니다. 그 대신 개별적인 나 아닌 또 다른 나, 내면의 나, 본연의 나, 본바탕의 나, 금 자체로서의 나, 우주 전체의 일부로서의 나, 이런 진실의 편린(片鱗) 같은 것을 인지한 것이다. 서양의 신비주의 전통에서 말하는 새로운 자의식(self-awareness)이 움틈이다.

이렇게 집을 나서서 소의 발자취를 보았다고 하는 것은 지금까지 내 안에 고착된 고정관념, 당연하게 여기던 것들에 균열이 생기기 시작했다는 뜻이기도 하다. 이 자체만으로도 큰 변화라 할 수 있다.

그러나 그 찾게 된 발자국도 이어지다 사라지다 한다. '옳고 그름, 진리와 허위를 분명하게 구별하지는 못하는 혼돈 상태'로서 아직 완전히 "그 문에 들어간 것은 아니다(未入斯門)." 아직 소 자체를 보지는 못했기 때문이다. 오로지 소를 볼 수 있다는 가능성을 확인했을 뿐이다. 이 발자국을 따라가다 보면 결국에는 내가 바라던 소를 찾을 것이라는 확신, 그 단초를 본 것이기 때문에 절망하지 않고 계속 나아갈 수 있다. 좀 더 깊은 의식의 변화가 시작된 것이다.

다음에 나오는 세 권의 책 해설에서 세상을 보는 눈이 바뀌어 세상의 모든 것이 서로 얽혀 있다는 사실을 발견하는 경험, 견적(見跡)을 가능하게 하는 실마리를 찾아 볼 수 있게 되기 바란다.

목마름

헤르만 헤세 『싯다르타』

한 인간을 보았다.

완벽한 평온과 고요함에 휩싸여 오로지 빛과 평화만을 내뿜는 존재. 완성자의 모습을. 그는 거룩하게 바라보고, 순진무구하게 미소 짓고, 자유롭게 앉아 있고, 신비로운 걸음을 걷는다. 무엇을 하려고, 무엇이 되려고, 애쓰지 않는다. 그저 있음만으로 주변을 환하게 하는 성스러운 힘이다. 인간은 이렇게 투명해질 수 있다. 인간은 이렇게 빛날 수 있다.

존재의 혁명을 추구한 사람, 헤르만 헤세(Hermann Hesse)는 스스로를 '시인이자 탐색자이며 고백자'라고 불렀다. 그는 삶에서나 작품에서나 한결같이 '소의 자취'를 찾는 이였다. 내면의 목마름을 안고 있는 사람이라면 어느 길목에선가 앞서가 있는 그를 만나게 된다. 헤세는 인생의 큰 강을 건널 때 안심하고 몸을 맡길 수 있는 뱃사공이다. 앞을 가로막고 있는 강을 여정의 장해물이 아닌 지혜의 원천으로 승화시키고, 방랑자 싯다르타를 완성자로 거듭나게 한 현자 뱃사공 바주데바처럼.

찾는 이, 싯다르타는 바라문의 아들로 완벽한 삶을 살았다. 어느 날 문득 높은 지식도, 어떤 풍요도 정신의 갈증과 마음의 불안을 해소해 주지 않는다는 것을 알아차린다.

> "딱 한 가지 중요한 것을 모른다면, 다른 모든 것을 알고 있다는 것이 도대체 무슨 가치가 있을까?"

다 알고, 다 가진 듯했지만 정작 자기 자신에 대해서는 아무것도 모르고 있었다.

> "내가 살아 있다는 이 수수께끼, 내가 다른 모든 사람들과 구별이 되는 별다른 존재라는 이 수수께끼, 그런데도 나는 이 세상의 어떤 것보다도 나 자신에 대하여, 싯다르타에 대하여 가장 적게 알고 있지 않는가! 나는 나를 너무 두려워하였으며, 나는 나로부터 도망을 치고 있었던 것이다!"

방랑자 싯다르타는 어렴풋이 내면의 눈을 뜨고 자기 속에서 불멸하는 무엇, 진짜 나를 찾아 안락한 집을 떠난다. 여러 해 동안 다양한 스승을 만나고, 고행을 거친 후에야 이윽고 그것은 '누가 주는 배움'으로 얻을 수 없는 것임을 깨닫는다. 고타마(世尊)라고 하는 완성자를 만나고도 함께 출가한 친구 고빈다처럼 그의 제자가 되지 않고 자기의 길을 택한 이유다.

> "이제 다시는 베다의 가르침도, 고행자의 가르침도, 그 어떤 가르침도 받지 말아야지. 나 자신한테서 배울 것이며, 나 자신의 제자가 될 것이며, 나 자신을, 싯다르타라는 비밀을 알아내야지."

이윽고 본성이 자취를 드러냈다. '소'를 찾아가는 길은 나를 잃은 허약한 상태를 뒤로하고 안으로 확신을 더해 가는 여정이다. 무턱대고 누군가를 따라가거나 덮어놓고 믿는 한 '초록소'는 나타나지 않는다. 자발적인 행위로, 스스로 내는 자신만의 길 위에 초록 소는 슬쩍 꼬리를 내민다. 집을 나선 싯다르타는 혼돈의 길 위에서 첫 관문을 통과할 수 있는 열쇠를 손에 쥐었다.

싯다르타는 방황하는 우리 모두다. 세상이라는 덫에 사

로잡혀 살다가 어느날엔가 삶에 은폐된 불안을 정면으로 마주하고자 용기를 내려는 또 다른 나다. 아직은 낯설지만 내 안에서 꿈틀거리는 초록 소의 생명력이 느껴진다면 가던 길을 멈춰보자. 강가에 서서 흐르는 물소리에 귀를 기울여 보면 실마리를 찾아 강물을 건널 수 있을지도 모른다.

나는 어디를 향하고, 무엇을 좇고 있는가? 세상은 알지만 정작 자기 자신은 한없이 낯설고, 바깥소리에는 민감하지만 내면의 소리를 들어 본 적이 없는 나. 강은 나를 알고 싶어 한다. 나와 이야기를 나누고 싶어 한다. 누구에게도 하지 못했던 마음속 이야기를 듣고 싶어 하고, 내게 들려주고자 한 없이 기다리고, 쉼 없이 흐른다.

강(江)은 믿음직한 벗이자 고난이다. 헛된 나를 버리고 참다운 나를 찾는 일만이 아니다. 산다는 것 자체가 수행이자 고행이다. 가는 길을 막아서는 강은 삶이라는 여정 중에 맞닥뜨리는 숱한 어려운 일들이다. 막막하고 두려운 무엇, 그 자리에 털썩 주저앉게 하는 어떤 것, 심지어 다 포기하고 생을 마감하고 싶게 하는 무거운 삶의 짐이다.

이 책을 쓰면서도 크고 작은 강들을 경험하게 된다. 때로는 불어난 강물이 성난 바다처럼 몰아쳐 일상을 삼켜버리기도 한다. 쉽지 않다. 이럴 때마다 강을 건너는 비결이 있다. 힘든 일을 '중한 일'로 노를 저어 건너가는 것이다. 중한 일이란 그럼에도 불구하고 엄마는 아이에게 밥을 먹이는 일이며, 교사는 정성껏 강의 준비를 하는 일이며, 작가는 원고 마감 약속을 지키는 일이다. 중요한 일에 더 많이 집중하고, 그 일에 더 정성을 쏟다 보면 어느새 거친 강을 건너 안전한 땅 위에 서 있는 나를 보게 된다. 그리고 알게 된다. '힘든 일' 덕분에 '중한 일'이 더 알차게 돼 있는 것을. 그리고 또 알게 된다. 생을 보석처럼 반짝이게 하는 것은 수많은 강들, 힘든 일이었다는 것을. 그 사이 벼려진 내 마음이었음을.

소설 『싯다르타』는 세속적 삶을 통해 사유와 경험이라는 노를 저으며 스스로를 단련하고, 이윽고 강가에서 귀가 열리며 내면의 정화를 갈무리하는 인간의 고뇌와 승화를 말한다. 감각에 젖어 살 수도 있지만, 한편으로 삼라만상의 단일성과 조화에 눈뜨며 환희를 체득할 수도 있다는 삶의 가능성이 우렁차다.

생의 수레바퀴 속에서 산 채로 썩을 수도 있고, 산 채로 발효될 수도 있는 존재, 아래로도 위로도 끝 모를 인간의 변화 가능성이 섬광처럼 번득인다. 한편 사랑의 신을 은유하는 싯다르타의 여인 카말라와의 만남과 세속적 욕망은 또 다른 앎과 이어지는 한줄기 강이 된다. 여정 중에 헐벗고 누추한 형색을

하고 자신의 집 문 앞에 선 싯다르타에게 아름다운 여인 카말라가 묻는다.

“도대체 당신은 무엇을 할 수 있지요?”

“나는 사색할 줄을 아오. 나는 기다릴 줄을 아오. 나는 단식할 줄을 아오.”

사색과 기다림, 단식은 싯다르타의 목마름을 해소하고 닫힌 삶을 여는 단초다. 빈손으로 여인을 얻고, 부를 쌓고, 궁극의 깨달음을 이루는 삶.

싯다르타에게 충격으로 다가왔던 ‘한 인간’은 자기를 보게 하는 자취이자 자기에게 다다른 자의 형상이었다. 마침내 그가 동경했던 완성자의 모습으로 화한 싯다르타의 메시지는 책을 덮은 후에도 메아리처럼 울린다.

“항상 동일하면서 매 순간 새로운 강물 곁에 머물러라. 강 소리를 들어라.”

이윽고 ‘나’라고 하는 비밀의 샘을 발견한 자는 다시는 목마르지 않는다.

그냥 해

유상강설 『수행은 특별한 것이 아니다』

고대 그리스 철학자 아리스토텔레스는 "모든 존재는 스스로의 목적을 가지고 있다."고 주장했다. 존재의 목적이란 존재의 이상을 실현하는 것이고, 인간에게 있어서 그것은 '행복'이다. 그럼에도 오늘날 많은 사람들이 무엇을 자신의 행복으로 여길지, 어떻게 행복해질 수 있을지 알지 못한다. 그래서 행복은 늘 저만큼 떨어져 있는 남의 일이 되고 만다. 잡힐 듯 잡히지 않는 아지랑이든지. 고요를 알지 못해 널뛰는 마음은 하루에도 수십 번 천당과 지옥을 오가느라 밤이 되면 지쳐 쓰러지기 일쑤다. 우리네 현대인의 보이지 않는 일상을 보면, 겉은 곱게 차려입었지만 속은 누더기를 걸치고 있는 것과 같다.

노심초사하고 전전긍긍하는 마음으로 이룰 수 있는 것

은 없다. 행복은 고사하고, 아침에 일어나 세수할 힘도 낼 수 없는 무기력한 마음이 되기 십상이다. 공연히 분주하고 수고롭게 하는 주범은 멈출 줄 모르는 망상(妄想)에 있다. 망상은 쓸모없는 생각이다. 망상은 고통을 부르고, 고통은 또 다른 고통을 낳는다. 고통은 어딘가 틀렸다고 말해 주는 신호다. 내 삶이, 내 마음에 담긴 무언가가 잘못되었다고 알려 주는 깨달음의 시작이다. 고통의 원인은 밖에 있지 않다. 극심한 고통이 느껴진다면 달리기를 멈추고, 숨을 골라야 한다.

그리고 스스로에게 정직한 물음을 묻자.

"무엇이 잘못되었을까?
내가 정말 원하는 것은 무엇인가?
나는 무엇을 위해 살며, 무엇이 되고자 하는가?
나를 가장 기쁘게 하는 것이 무엇인가?
지금 내게 가장 큰 고통은 무엇인가?"

그리고 이런 물음이 커져 "도대체 나는 누구인가?" 하는 궁극의 질문을 품게 된다면 여행을 떠날 준비가 되었다. 발심(發心), 내면에 불을 당기는 순간이다. 초가 자기 살을 태워 한 줄기 굵은 빛을 내듯, 내 안의 독이 빛으로 거듭나고자 꿈틀거린다. 웅크린 삶이 기지개를 펴는 순간이다.

실마리를 찾고, 자취를 볼 수 있는 수행(修行)의 시작이다. 십우도의 목동이 집을 나서는 것이다. 마음을 빗질하고, 몸을 가지런히 행하는 것, 수행이 답을 낸다. 수행은 그냥 덮어놓고 남처럼 사는 일을 그만두고 '나답게, 사람답게' 사는 일이다.

수행은 세 가지 행(行)이다. 첫째, 생각하기다. 깊이 해야 할 생각과 멀리 떼어 내야 할 생각을 마름질해 흩어진 나를 모으고, 힘이 되는 생각을 추스르는 적극적인 사유(思惟)다. 하면 할수록 인간다워지고 존재다워지는 생각 훈련이다. 내가 나를 안으로 익혀 가는 일이다.

> "정말 우리 자신은 진정으로 자유롭고자 평등하고자 하는가? 달리 표현하면 인간답고자 하는가? 존재답고자 하는가? 인간다울 수 있고 존재다울 수 있다면 이것이 곧 진정한 자기 혁신이며, 곧 세계의 혁신이다. (…) 과연 우리는 삶에 있어서 나의 건강성을 어느 분면에서 파악하고 있는가? 깨침이라는 게 거창한 게 아니다. 이것이 깨침이다. 이것을 깨치지 못했기 때문에 궁극적으로 깨쳐질 수 없다."

둘째, 수행은 잠잠함(禪)이다. 한시도 가만히 있지 못하는 몸과 마음에는 나를 볼 수 있는 눈이 없고, 나를 들을 수 있는 귀가 없다. 속이 가만해지려면 우선 몸부터 가만히, 가지런히 할 줄 알아야 한다. 그것이 바로 명상, 허공에 찍는 화인(火印)이다. 참선 명상, 좌선이 무서운 이유다. 아무것도 하지 않고 맥없이 앉아 있는 것 같지만 자타의 경계가 허물어지는 초인(超人)의 과정이기 때문이다.

명상을 하는 동안에는 최소한 다른 악행을 하지 않으므로, 그것만으로도 선한 일이 된다. 세세생생(世世生生) 누적된 내습(習)을 지우는 시간이다. 불가에서 통용되는 말로 업장(業障) 소멸이다. 자꾸자꾸 지우다 보면 어느 날 백짓장이 된다. 생각의 얼룩을 지우고, 또 지우는 일이 수행이고 명상이다.

셋째, 수행은 "가운데 있으면서 벗어나 있는 것"이다. 『금강경』을 대표하는 네 가지 게송 중 하나에는 이런 구절이 있다. "마땅히 머물지 않고 마음을 내라(응무소주 이생기심, 應無所住 而生其心)." 그렇게 삶의 달인이 되면 삶은 매 순간 기회로 다가오고, 매 순간 기쁨으로 돌아온다.

고요에 도달한 생각은 군더더기를 걸러 낸 지혜로 떠오른다. 사물과 현상이 명료해져, 더는 주저하거나 머뭇거리지 않는다. 바른 선택과 바른 행동을 할 수 있는 내면의 힘으로 고인다. 하되 집착 없이 하는 행이다. '그냥 함, 자유 함'이다. 수행은 뜬구름 잡는 게 아니라 자질구레한 일상마저 경이(驚異)로 맞게 하는 가장 유용한 삶의 기술이다.

동학의 2대 교주 해월 최시형 선생이 남긴 그림 같은 어록 『해월신사법설』은 수도(修道), 수행(修行)하는 것을 먼 길을 가는 것, 우물을 파는 것, 산을 만드는 것, 양을 치는 것, 정원을 가꾸는 것에 비유한다.

> "수도(修道)는 산을 만드는 것과 같으니 산을 만드는 사람이 한 삼태기 흙을 덜 하여 앞서 이룬 공을 포기하면 그것이 옳겠는가."

다 되었을지 모를 일을 중도에 그만두어 일을 그르치는 일이 없게 하라는 경구이자, 게으르지 말고 정력을 다하여 나가라는 단호한 격려다.

『수행은 특별한 것이 아니다』는 안팎으로 혼란과 위기가 상충하는 시대에 비상구는 인간의 문제가 아닌 '인간의 가능성'에서 찾아야 한다고 강조한다. 도처에서 갈등과 분열을 낳는 무지, 편견, 집착, 이기심을 넘어 직관하고 통찰할 수 있는 인간의 지혜와 무경계로 손을 내밀 수 있는 우리 안의 사랑이

가능성이다.

생각 훈련과 고요한 있음과 계산 없이 하는 자연스러운 함(行)은 숨겨진 인간의 가능성을 끄집어낸다. 이것이 수행이다. 수행을 통해 삶의 방식이 전환될 때, 누구도 빼앗아 갈 수 없는 행복이 보상처럼 주어진다. 오락가락하지 않는 행복으로.

수행은 특별한 사람들의 전유물이 아니다. 별종들만 하는 유난한 것은 더더욱 아니다. 수행은 삼시 세끼 밥을 먹듯 하는 일상적인 일, 누구나의 일이다. 수행은 고단한 몸을 쉬게 하고 지친 정신을 살리는 또 다른 삶의 양식이다. 수행이 밥이고, 수행이 답이다.

더 나은 삶을 원하고, 더 나은 내가 되고자 마음을 내었다면 이미 수행을 시작한 것이나 다름이 없다. 견적(見跡), 얼핏 '진짜 나'의 흔적을 본 사람은 이미 수행자다. 나만의 행복을 빚는 아름다운 여정에 초심자의 행운이 잇따르기를, 의식의 변화를 구현한 메타노이아의 주인공으로 거듭나기를!

"내가 누구인가를 아는 것, 이것이 진정한 사랑이다."

오직 모를 뿐

숭산 『선의 나침반』

"미래의 종교는 우주적 종교가 돼야 한다. 그동안 종교는 자연 세계를 부정해 왔다. 모두 절대자가 만든 것이라고 해 왔다. 그러나 앞으로의 종교는 자연 세계와 영적인 세계를 똑같이 존중한다는 생각에 기반을 둬야 한다. 자연 세계와 영적인 부분의 통합이야말로 진정한 통합이기 때문이다. 나는 불교야말로 이러한 내 생각과 부합한다고 본다. 만약 누군가 나에게 현대의 과학적 요구에 상응하는 종교를 꼽으라고 한다면 그것은 '불교'라고 말하고 싶다."

— 알베르트 아인슈타인

막연히 어딘가에 있을 나만의 소를 찾아 떠난 여행자가 진짜로 소의 자취를 보는(見跡) 두 번째 단계에 들어서 있다. 필자는 이 단계를 각자가 자신의 본성을 알아차려 실마리를 찾는 과정으로 두었다. 삶이라는 도도한 여정에서 가야 할 바를 제대로 알고, 여행에 임하는 복잡한 심경을 한 올 한 올 풀어 줄 수 있는.

앞선 싯다르타의 삶과 수행 이야기는 모두 불교(佛敎)라는 지반 위에 세워져 있다. 혹자는 불교를 철학이라 하고, 과학이라고 말하기도 한다. 신을 믿고 내세에서 구원을 바라는 '그런 종교'가 아니라는 말이다. 불교를 무엇으로 보는가는 각자의 몫으로 남겨 두고, 여기서는 실제로 길을 가는 데 불교에서 얻을 수 있는 구체적이고 유용한 힘을 챙기기로 한다.

불교는 동서양을 가로질러 나답게 살고자 하는 거의 모든 이들에게 그 자체가 견적(見跡)이 돼 왔다. 그럼에도 불구하고 한국의 대다수 기독교인들에게는 우상의 상징으로 왜곡된 채 그 가치가 묻혀져 있다. 한국인에게 불교만큼 곡해 받고 있는 무지의 대상이 또 있을까 싶을 정도다.

잘 알지 못함, 무지(無知)는 고통을 낳는다. 실체를 제대로 알고 나면 두려워할 것도, 꺼릴 것도 없다. 하지만 어설프게 잘못 알거나 내 마음대로 안다고 치부해 버리는 순간 오류가 발생한다. 괴로움은 바로 그 지점에 똬리를 틀고 무지를 먹이 삼아 살아간다. 2,500여 년 전 고통의 문제를 해결하고자 발현된 지혜전통이 불교다. 태어나고, 늙고, 병들고, 죽어가는 이 고(苦)의 수레바퀴에서 어떻게 놓여날 수 있을지 그 길을 찾아낸 자가 깨달은(佛) 사람, 붓다(Buddha)다.

붓다만 붓다가 아니다. 우리에게는 모두 붓다가 될 수 있는 씨앗이 있다. 불성(佛性)이라는 인간의 본성이다. 각자의 본성을 찾아가는 십우도(十牛圖)의 출처가 불교이기도 하거니와 앞으로 가야 할 우리의 여정이 원만하기를 바라고, 무엇보다 실마리를 바로 잡기 위해 더 늦기 전에 불교에 대한 인식을 환기하고 배낭에 불교라는 지도를 넣어 두자.

불교는 인간이 다다를 수 있는 최상의 정신 상태로 안내하는 고도로 정밀한 '마음의 지도'다. 부처를 만나면 부처를 죽이고(殺佛), 조사(祖師)를 만나면 조사를 죽이라(殺祖)고 선언하는 불교는 애당초 우상숭배가 될 수 없다. 우상으로 삼을 만한 대상(神)을 가지고 있지 않기 때문이다. 인간이 어떻게 실존적 한계를 넘어서 대 자유에 이를 수 있는지 섬세하게 안내해 주는 친절한 길일 뿐이다.

붇타(佛陀)의 준말이자 부처를 뜻하는 불(佛)은 그 자체가 "본성을 깨달아 고통의 잠에서 깨어남"을 의미한다. 자신 있게 권하는 『선의 나침반』은 생전에 달라이 라마 존자와 틱낫한 스님과 함께 세계 4대 성불 중 한 분으로 추앙받았던 한국인 숭산 대선사의 가르침을 엘리트 미국인으로 한국에서 출가해 승려가 된 현각스님이 엮은 책이다. 미국 샴발라(Shambhala) 출판사에서 영문판으로 먼저 출간되어 주목을 받고 이후 한국에 번역이 되어 나왔다. 불교가 무엇이며, 불교(佛教)라고 하는 가르침의 핵심을 망라하고 있다. 우리가 일상에서 어떻게 깨우침을 더하고, 실용적인 각성(覺醒)으로 활용할 수 있는지 수행방도를 짚어준다. 초기불교와 대승불교, 선불교까지 인류 역사를 관통하는 2,500년의 지혜와 가치를 한 권으로 아우르고 있다. 숭산 스님이 서양인들을 대상으로 펼쳤던 간결한 가르침이 요소요소 빛을 더한다.

불교는 본래 내세를 목적으로 하지 않는다. 철저히 이생에서의 삶, 내일이 아닌 오늘, 그중에서도 '지금 여기'의 삶이 어떻게 고통에서 놓여나 깃털처럼 가벼운 상태로 돌아갈 수 있는지를 가르친다. 먼저 무지를 타파해 새로운 눈으로 깨달음을 얻고, 이어서 다른 존재들을 자유로 이끄는 것, 상구보리 하화중생(上求菩提 下化衆生)이 불교의 목적이다.

불교에서 믿음의 대상은 오직 '참된 나'뿐이다. 아니 불교는 맹목적인 믿음을 말하지 않는다. 그 무엇도, 그 누구도 믿지 말고 다만 "깨어나 바로 볼 것"을 강조한다.

허다한 고통은 '내가 나를 알지 못하는 데'서 연유한다. 고통의 시작도 나며, 고통의 소멸도 내 안에 있다.

"나는 누구인가?"

내가 누구인지를 아는 것이 엉킨 실타래를 푸는 단초가 된다. 내가 나를 온전히 알고, 내 안에 잠들어 있는 가능성을 일깨울 수 있다면 나는 세상의 중심으로 우뚝 서게 된다. 그 누구에게, 어디에서고 주눅 들지 않고 당당하고 늠름하게 살 수 있는 생의 주인공으로 거듭나는 원리가 그 속에 있다.

불교는 지성과 감정과 의지를 조화롭게 사용해 나와 세상을 이롭게 한다는 지향점을 가지고 인간의 의식을 점화시킨다. 있는 그대로 진리인 세상의 아름다움을 정면으로 응시하고 누릴 수 있는 희망을 보게 한다. 하이데거의 말처럼 우리의 삶은 내가 만든 것들에 의해 휘둘린다. 불교 식으로 말하면 내 업(카르마), 내가 한 생각과 지은 행동, 말의 습관에 갇혀 고통을 호소하고 있는 것이다. 이 세계는 내가 만드는 세계다. 나라는 생각이 없어지면 세상도 없어진다. 바로 지금 이 순간, 나의 마음 상태가 어떠한가에 천지가 달려 있다. 지금 나는 어떤가?

복잡다단한 이 마음을 꿰뚫는 것이 불교다. 팔만대장경이라고 하는 엄청난 경전을 이루고 있지만 불교는 글로 배우는 것이 아니다. 자기 몸으로 행하는 실천 공부다. 요동치는 마음을 잠재우고, 분리된 마음을 가지런히 하나로 갈무리하는 수행을 전제한다.

숭산 대선사는 이 문을 여는 열쇠로 "나는 누구인가?" "오직 모를 뿐."이라는 화두(話頭)를 제시한다. 지금 여기에서 글을 쓰고, 책을 읽고, 힘들어하는 이들에게 내가 누구인지를 크게 묻고, 오직 모를 뿐으로 돌아오라고 한다. 24시간 그 어느 것도 마음으로 만들지 말고 오직 모를 뿐…….

참선(參禪), 고요에 들라. 고요하고 고요하라. 선불교의 알파요 오메가인 참선 수행은 마음이라는 좁은 감옥을 벗어나 광활한 자유에 가닿는 첩경이다. 참선은 좌복 위에 앉아 있는 몸의 자세만을 의미하지 않는다. 순간순간 매일 일상의 한가운데서 마음을 앉히는 것, 조건이나 상황에 관계 없이 마음을 빗질하는 것이 참선이다.

불교는 단칼에 고통을 베어낼 수 있는 날 선 칼이자, 몸이라고 하는 육체적 한계를 뛰어넘어 영적 날개를 돋게 하는 유용한 선생이다. 숭산 대선사는 "신을 만들지 말라. 부처도 만들지 말라. 순간순간 그 어느 것도 만들지 말라."고 말한다. 무지의 어둠이 걷히고 세상이 하나의 환한 빛으로 다가올 때까지 오직 모를 뿐, 오직 모를 뿐, 오직 모를 뿐……!

모르는 마음을 쫓다 보면 어느 모퉁이에선가 견적(見跡), 내 본성의 자취를 볼 수 있다. 보름달 같은 둥근 앎이 떠오를 때까지 '오직 모를 뿐(Only don't know).'

3 견우見牛
소를 봄

노랑 꾀꼬리 가지에서 노래 부르고
따스한 봄바람에
강가의 버드나무 푸르러 오는데
이곳을 마다하고 어디로 갈거나
저 삼삼한 두각을 그림으로 그리기 어려워라

Seeing the Ox

On a yonder branch perches a nightingale
cheerfully singing;
The sun is warm, and a soothing breeze blows,
on the bank the willows are green;
The ox is there all by himself,
nowhere is he to hide himself;
The splendid head decorated with stately horns—
what painter can reproduce him?

黃鸎技上一聲聲
日暖風和岸柳靑
只此更無回避處
森森頭角畵難成

새로운 의식이 움트면 나뭇가지에서 부르는 꾀꼬리 소리에서도, 봄날의 따스한 햇볕이나 강가의 푸른 버드나무에서도 소를 볼 수 있다. 일상사에서 들려오는 소리를 정말로 들을 줄 알면, 비록 도시의 소음이라 할지라도, 그것이 곧 부처님의 소리요, 그 소리를 듣는 것이 그대로 나의 참 근원을 꿰뚫어 볼 수 있는 깨달음에 이르도록 하는 수단이 될 수 있다. 이제 소의 발자국만이 아니라 일부라 할지라도 소 자체를 보기 시작한 셈이다.

이때 깨닫게 되는 것은 두 가지다. 첫째, 그렇게 본 소가 바로 나 자신이라는 것. 가감 없이 여실한 나, 본연의 나, 진정한 나, '나의 근원'이라는 것을 깨닫게 되었다는 뜻이다. 서(序)에서는 '봉원(逢源), 곧 근원을 만났다고 한다.

둘째, 지금껏 마치 '물속의 소금 맛'처럼 보이지 않아서 의식하지 못했지만 '활짝 눈을 뜨니' 본래의 나와 여타의 사물이 서로 다른 것이 아니라 결국 하나라는 것을 자각하게 되었다는 것이다. '단비타물(但非他物)'이다. 이제 따뜻한 햇살, 부드러운 봄바람, 강가의 푸른 버드나무, 이 모든 것이 실로 나와 하나라는 것을 발견한 것이다. 내가 찾던 소는 이런 것들 밖에서 찾을 다른 무엇이 아니라는 것을 깨달은 것이다. 대단한 발견이다.

이렇게 만물과 하나가 된 본연의 나, 두 쇠뿔로 장식된 위풍당당한 소의 모습, 곧 나의 참 모습은 인간의 손으로 그릴 수도 없고, 물론 말로 표현할 수도 없다. 미국의 종교 심리학자 윌리엄 제임스(William James)의 말을 빌리면 이런 신비 경험의 특징 네 가지 중 하나는 무엇으로도 '표현할 수 없음(ineffability)'이라고 한다.[19] 불교에서는 언설(言說)을 이(離)한다거나 언어도단(言語道斷)이라는 말을 사용한다.

소로 상징되는 나를 찾는 여정에서 집을 떠나 소의 발자국을 보고 제3단계에서 벌써 소를 보게 되면 그 과정이 급행이라는 느낌이 들고, 또 그것으로 나를 찾는 과정은 다 끝나는 것

19 다른 세 가지는 일시성(transiency), 수동성(passivity), 인지성(noeticquality)이다. 그의 책 『The Variety of Religious Experience』 참조.

이 아닌가 하는 생각을 가질 수 있다. 그러나 나를 찾는 과정이 아직도 일곱 계단이나 남아 있다. 이것이 십우도가 우리에게 일러 주는 중요한 메시지라 할 수 있다.

다음에 나오는 세 권의 책은 기본적으로 '마음 챙김'에 관한 것이다. 마음을 챙기는 일, 명상은 참나를 알아차리게 하는 열쇠라 할 수 있다.

신성한 무관심

윌리엄 하트 『고엔카의 위빳사나 명상』

십우도의 세 번째 단계인 견우(見牛)는 수행자가 멀리 있는 소를 발견하는 장면을 묘사하고 있다. '본성을 보는 것'이 뜬구름 잡는 일이 아니라 나의 오감을 통해 직접적으로 체험하는 일이라는 사실을 암시한다. 백문(百聞)이 불여일견(不如一見)이라는 말이다.

서(序)에서는 다음과 같이 말하기도 한다. "내 안에서 나는 소리를 좇아 들어가니(從聲得入) 보는 곳마다 근원과 마주친다(見處逢源)." 마음의 소리를 따라 안으로 드는 것이 명상이며, 그렇게 해서 발견하게 되는 나의 근원이 '소, 참나'다. 견우(見牛)가 명상과 가까운 이유다. 명상은 나의 본모습을 보게 하는 봉원(逢源)이자, 내가 난 근원으로 데리고 가는 수레다.

명상은 복수다. 목적에 따라, 방법에 따라 다양한 명상이 있다. 다종다양한 옷들 가운데 유독 내게 잘 맞는 색과 어울리는 디자인이 있듯이 명상에도 내게 맞춤한 모양이 있다. 내 성향과 합을 이루는 명상이 어떤 것인지 알게 되면 그때부터 명상은 어렵지 않게 깊이와 힘을 더하게 된다.

여러 갈래로 나눌 수 있지만, 명상을 크게 세 가지로 구분해 본다. 하나는 초기 불교에 기반한 위빳사나(Vipassanā, 觀) 명상이고, 둘은 후기 대승불교에 뿌리를 둔 선불교 전통의 참선(參禪)이며, 셋은 명상과 의학을 접목해 과로와 스트레스가 일상이 된 현대인들의 라이프스타일에 맞게 심신치유를 목적으로 디자인된 마음챙김 명상(MBSR, Mindfulness-Based Stress Reduction)이다. 둘째와 셋째 형태의 명상은 이어지는 책을 통해 만나 보기로 하고, 여기서는 윌리엄 하트가 정리한 명상의 초기 형태, 『고엔카의 위빳사나 명상』을 살펴본다.

고엔카(Satya Narayan Goenka)는 '세상에 명상을 가르친 사람'으로 불릴 만큼 위빳사나 명상의 대명사가 되었다. 종교나 종파에 치우치지 않고 평등하게 접근했던 열린 지도방식이 종교와 계층, 배경, 성별을 초월해 전 세계 많은 사람들에게 명상의 효과를 누리게 했다. 특히 고엔카의 명상지도는 체계화된 단기 '10일 코스'로 잘 알려져 있다.[20] 이 명상법은 "간단하고 논리적인 방법으로 진정한 마음의 평화를 얻게 함으로써 행복하고 보람찬 삶을 살게 해 준다."고 소개한다.

위빳사나 명상은 일상 속 온갖 움직임을 명상의 대상으로 삼는다. 몸을 통해 일어나는 섬세한 감각을 관(觀)하므로 고통이 일어나는 원리(고통의 수레바퀴)를 자각한다. 삶 속에 있는 명상이다. 감정이 내가 아님을, 마음이 내가 아님을 보게 된다. 여기서부터 출발이다.

"무지가 일어나면, 반응이 일어난다.
반응이 일어나면, 의식이 일어난다.
의식이 일어나면, 마음과 물질이 일어난다.
마음과 물질이 일어나면, 여섯 가지 감각기관이 일어난다.
여섯 가지 감각기관이 일어나면, 접촉이 일어난다.
접촉이 일어나면, 감각이 일어난다.
감각이 일어나면, 갈망과 혐오가 일어난다.
갈망과 혐오가 일어나면, 집착이 일어난다.
집착이 일어나면, 되어감의 과정이 일어난다.

20 윌리엄 하트 지음, 담마코리아 역, 『고엔카의 위빳사나 10일 코스』(김영사. 2017) 참조.

되어감의 과정이 시작되면, 태어남이 일어난다.
태어남이 일어나면, 늙음과 죽음이 일어난다.
슬픔, 애통함, 육체적·정신적 고통 그리고 고난과 함께.
이런 식으로 이 모든 고통이 일어난다."

의식과 무의식의 다리 역할을 하는 호흡명상, 아나빠나-사띠(anapana-sati, 들숨날숨에 대한 마음챙김)를 훈련하면 점차 자동반응하는 습관이 사라지면서 마음은 평온한 상태를 유지하게 되고 고통이라는 느낌도 함께 사라지게 된다. "마음에서 일어나는 것은 모두 감각을 동반한다."(앙굿따라니까야 VIII.ix.3)는 붓다의 말처럼 위빳사나는 자기를 변화시키는 방법으로 자기에 대한 인식을 출발점으로 삼는다. 인간이 가진 몸·감각·마음·생각 네 가지 차원에서 알아차림을 세우는 일이다.

"여기 한 수행자가 몸 안의 몸을 관찰하면서, 감각 안의 감각을 관찰하면서, 마음의 내용 속 내용을 관찰하면서, 세상에 대한 갈망과 혐오를 내려놓고 완전한 이해와 알아차림으로 열심히 명상한다."(사띠빳따나숫따)

요동치는 감정의 뿌리를 쫓아가는 위빳사나 명상은 과

거의 경험이 쌓인 마음의 찌끼를 제거하는 정화 과정이다. 몸의 미세한 실제를 관찰하는 능력은 더욱 섬세한 알아차림으로 자라나고, 이 같은 적극적인 마음 살핌은 평정심을 강화한다. 좋고 싫은 감정들, 치밀어 오르는 분노도 미세한 형태로 분해되면서 힘을 잃고 만다. 반응하기 전에 관찰할 수 있는 새 힘을 얻는 만큼 고통은 연기처럼 사라지고, 괴로움은 안개처럼 거친다. 무거운 부정성이 흩어진 자리에는 투명한 환희심이 두둥실 떠오른다.

> "모든 존재는 자신의 행위를 소유하고, 행위를 물려받으며, 행위로 인해 생겨나고, 행위에 얽매여 있다. 자신의 행위가 자신의 안식처다. 행위의 천함과 고귀함에 따라 자신의 삶도 그러할 것이다." (담마빠다 XXV.21)

자신의 행위가 자신의 안식처다. 내 안에 똬리를 틀고 있는 맹목적인 반응 습관에서 벗어나려는 것이 위빳사나다. 말 전에, 행동 전에 멈춰 볼 수만 있다면 상심한 마음은 다시 자신을 일으켜 세우는 역동성으로 바뀌고, 구겨진 기분은 되려 타자를 헤아리게 하는 기적을 낳는다. 명상은 가만히 앉아 있으면서도 '작은 나'를 넘어서는 역동적 활동이다.

진정한 평정심은 '신성한 무관심'이다. 쉼 없이 출렁이는 경계에 대한 무관심. 위빳사나는 자기 자신에 대한 진리 탐구다. '세상 전부가 흩어졌다 모이는 구름과 같다.'고 알아차릴 때 우리는 즉각 고통에서 놓여날 수 있다. 평생토록 희노애락(喜怒哀樂)의 연출자인 '나'를 알아차릴 때, 해탈은 성큼 내 앞으로 다가온다. 해탈은 남의 일이 아니다.

마음챙김에 근거한 스트레스 완화(MBSR)

존 카밧진 『처음 만나는 마음챙김 명상』

“여러분은 제정신이 아니에요. 그러나 정말 제정신이 아니려면 아직도 멀었어요.”

1970년대 중반 미국 롱아일랜드에 나타난 한 동양인 스님의 알쏭달쏭한 법문이다. ‘모르는 마음(don’t know mind)’으로 자기 생각의 독재에 빠져 있던 서구 엘리트들의 엉킨 마음을 시원하게 풀어헤친 선사는 앞서 『선의 나침반』에서 소개했던 한국인 선사 숭산 스님이다. 그의 법문을 들었던 사람 가운데 존 카밧진이 있었다. 당시 그는 보스턴 근교의 브랜다이스 대학 생물학과에서 분자생물학을 가르치고 있었고, 우연히 학부생의 권유로 숭산 스님을 만나게 된다.

‘현존감과 장난스러움, 집착 없음을 동시에 체현하고 계

셨던' 스님의 심오한 가르침에 이끌려 카밧진은 누구보다 진지한 제자가 된다. 이내 프라비던스 선원의 지부인 보스턴 근교에 있는 캠브리지 선원의 책임 지도자로 활동하게 되고, 1979년에는 매사추세츠 대학 의료센터에서 스트레스 완화 클리닉과 마음챙김에 근거한 스트레스 완화프로그램을 완성한다. 그가 착안한 MBSR은 세계 곳곳에서 의료뿐 아니라 비즈니스, 교육, 정치권, 심지어 군부대에서까지 이완과 집중, 자각의 방편으로 광범위하게 활용되고 있다. 이른바 마음챙김 명상이다.

존 카밧진은 불교에 기반한 명상수행을 현대인들의 생활에 맞게 세속화하고 보편화하는 데 큰 역할을 했다. 명상을 통해 길러지는 통찰력이나 원융한 지혜, 너그러운 마음은 특정 종교만의 것일 수 없기에 20세기에 드러난 명상의 보편화는 어찌 보면 당연한 수순이다.

명상의 온갖 좋은 열매는 내 안 어딘가, 미지의 땅속에 숨겨져 있다. 눈을 안으로 돌이켜 자기를 보는 명상이 '마음 밭'을 일구는 경작(cultivation)이자 땅을 고르듯 마음을 고르는 행위(바와나, bhavana)일 수밖에 없는 이유다. 씨를 뿌리고 물을 주고 자라도록 하는 것. 내 안에 있는 '또 다른 나'라는 씨앗을 키우는 일이다.

마음을 챙긴다는 게 무엇인가? 카밧진은 마음챙김을 '의

도적으로 이 순간에 대한 어떤 판단도 하지 않고 주의를 기울이는 것'으로 정의한다. 비가 오나 바람이 부나 어떤 상황에서도 '의도적으로 판단하지 말고, 이 순간을 자각하는 것'이 핵심이다. 고통을 의미하는 단어 'suffering'은 라틴어 'sufferre'에서 유래한 것으로 '늘 지니고 다니다, 견디다.'라는 의미를 갖는다. 신체적 고통, 영적 고통, 사회적 고통 등 인간에게 괴로움은 끝도 없다. 물리적 괴로움이 없으면 정신적 괴로움이 따른다. 하지만 물리적 1차 고통은 피할 수 없다 하더라도 그 고통에 따르는 '2차 화살'은 피할 수 있다. 2차 고통은 판단하지 않는 마음챙김으로 피해 가고 벗어 버릴 수 있는 '없어도 되는 고통'이다. 차가 밀리는 것은 도리가 없지만 그 상황으로 짜증이 나는 심사는 멈출 수 있다는 말이다. 의도적으로 간택하지 않는 마음챙김으로.

행복과 불행은 수동적으로 내게 주어지는 것이 아니라 매 순간 내가 선택할 수 있는 선택지다. 좋고 싫음, 옳고 틀림을 재단하지 않는 것만으로도 감정의 노예에서 벗어날 수 있다. "판단을 유보한 채 판단이 일어나더라도 그것을 판단하지 않는 것은 우둔한 행위가 아니라 진정으로 지성적인 행위"이며, "자신에 대한 친절함"이다. 나와 타자에게 젠틀하고 지성적인 존재가 되는 것. 마음챙김 명상이 주는 첫째 열매다.

판단을 넘어서면 그 대신 자각(自覺), 알아차리는 것을 우리 마음의 새로운 존재 방식으로 삼을 수 있다. 자각은 매 순간 벌어지는 안팎의 현상과 내가 맺는 관계를 의미한다. 자각은 '개념을 통하지 않고 아는 마음의 능력'이다. 눈·귀·코·입·몸을 통한 오감이 아닌 그 오감을 보는 직감이다.

마음챙김에 있어서 알아차림은 명사가 아닌 현재진행형 동사일 수밖에 없다. 알아차림은 "우리가 얻어야 하는 바람직한, 고정된 실체, 하나의 최종 상태가 아니라 전일적 역동성을 띠고 매 순간 끊임없이 변화하는 과정"이기 때문이다.

자각이 삶의 존재 방식으로 자리 잡을 때 우리는 우리 삶을 좀 먹는 세 가지 독에서 자유롭게 된다. 알아차림이라는 빛 아래서 만족을 모르는 탐욕, 내 욕심이 채워지지 않을 때 올라오는 성냄, 시시각각 판단하는 어리석음이다. 알아차림은 온갖 감정을 나와 동일시하는 자기화(selfing)를 멈추는 것이다. '나의' 고통, '나의' 불안, '나의' 슬픔에서 '나'를 빼면 어떻게 될까? 고통, 불안, 슬픔에는 주어가 없다. 내 것이 아니다.

마음챙김 명상은 의도적으로 판단을 유보하고, 나의 감정을 바로 바라보는 알아차림 수업이다. 별 것 아닌 것처럼 보이는 '이 순간에 어떤 판단도 하지 않고 주의를 기울이는 것'이 '모든 것에 관한 것'이 된다. 마음챙김은 그것을 챙기는 이의 인생을 들었다 놨다 통째로 바꿔 놓을 수 있다. 조바심을 느긋함으로, 인색함을 관대함으로, 짜증을 미소로, 오해를 이해로, 걱정을 신뢰로, 불안을 여유로, 그리고 나와 세상에 대한 미움을 예쁨으로 보게 하는 선한 눈을 뜨게 함으로.

마음챙김 수행자는 스스로 충만해지고, 자신의 인생에서 스스로 일궈 내는 심오한 번영감, 유데모니아(eudaemonia)[21]의 주인으로 살게 된다. 행복을 주는 사람, 행복을 만드는 사람으로. 소를 보는 견우(見牛)의 체험이 주는 기쁨이다.

21 유데모니아는 그리스어로 '행복'을 의미한다. 어원적으로 'eu(good)'와 'daimon(spirit)'의 합성어다. '좋은 영혼'의 소유자가 되는 것이 행복한 삶으로 이어진다는 고대 서양철학의 행복관으로, 아리스토텔레스는 이런 행복은 명상의 즐거움과 좋은 대화의 즐거움에서 얻을 수 있다고 믿었다.

앉아 있는 이유

스즈키 순류 『선심초심』

명상의 역사는 인류의 역사다. 인간이 명상을 했다는 최초의 기록은 기원전 5000년, 4대 문명 발상지 중 하나인 인도의 모헨조다로 인더스 문명으로 거슬러 올라간다. 본격적인 흔적은 기원전 5~6세기 힌두교의 원류인 브라만교 경전 『우파니샤드』에 나타난다. 자신의 내면을 들여다보는 명상을 통해 인간은 참나(眞我)인 아트만(atman)을 찾아 고통이라는 윤회에서 벗어나 스스로 자유로워질 수 있다는 '존재적 혁명'의 준거를 마련해 놓았다.

인도에서 발현한 힌두교 명상 전통이 마음을 구체적인 대상이나 호흡에 집중해 평안을 얻는 집중명상(사마타)이라면, 불교는 있는 그대로를 바라보며 직관과 통찰력을 배양해 궁극의 깨달음을 추구하는 통찰 명상이다. 힌두교, 불교, 유대교, 이슬람교 등 모든 종교 전통은 나름의 명상법을 가지고 있다. 각각의 명상은 같은 듯 달라, 종류만큼이나 다양한 방법을 전수하고 강조하는 지점에도 차이를 보인다.

대표적인 집중명상인 초기 불교 전통의 위빳사나 명상, 현대인들의 스트레스 완화와 치료 목적으로 개발된 마음챙김 명상에 이어 마지막으로 통찰명상법인 '참선(參禪)'을 소개할 차례가 되었다.

참선은 필자가 한때 출가 수행자로 오롯이 실참했던 수행법이기도 하다. 수행에 진전이 없는 날에는 하루를 허송세월하고 말았다는 절박한 심사로 쉬이 잠들지 못했던 시절이다. 쳇바퀴 도는 다람쥐에서 허공을 활주하는 조나단 리빙스턴 시걸이 되어 보겠다고, 아니 되어야 한다는 간절함으로 나선 외길 수행길이었기에 물러설 곳도 없었다. 왜 태어나고, 왜 살고, 어떻게 살아야 하는지, 삶의 주체인 내가 누군지 알지 못한 채 살면서 도대체 몇 번을 넘어지며 살아가게 될지 아득했다. 눈에 보이는 뻔한 실수를 언제까지 외면할 수 있을까? 더는 미루지 말고 생의 과제를 끝내고 가자는 다짐으로 퇴로를 차단하고 참선에 푹 몸을 적셨다. 전진하거나 위로 솟아오르는 수밖에 다른 길은 없었다.

백척간두진일보(百尺竿頭進一步)다. 매일 절벽에서 뛰어내리는 심정으로 좌복에 앉고, 앉고, 또 앉았다. 가로 70센티, 세로 120센티 정도 되는 좌복에 인생을 '몰빵'했다. 내가 인생을 건 대상은 말 없는 선방이요, 더 과묵한 좌복이었다. 좌복은 수행자의 불퇴심(不退心)을 외면하지 않았다. 그렇게 선방에서 묵은 나와 이별하고, '아무것도 안 하고 앉아 있는' 낯선 나를 마중하면서 이윽고 '참신(斬新)한 나'가 되어 나올 수 있었다. 말 없는 선방은 그렇게 내가 나를 낳은 곳, 나의 고향이 되었다.

선(禪)은 설명 대상이 아니다. 선은 오직 실천으로 나 있는 길이다. 하여 선불교를 대표하는 상징어는 불립문자(不立文字)다. 장황한 언설(言說)을 내세우지 말고 곧장 마음을 볼 일(直指人心). 말 그대로 견우(見牛)다. 사과 맛을 알려면 이렇다 저렇다 말을 더하지 말고 그냥 한입 크게 베어 먹으라는 뜻이다. 세상에 이보다 쉬운 일이 있을까? 너무 쉬워 어려운 일이 마음을 바로 보는 일이다. 굳이 설명하지 않아도 그냥 알아지는 상식 같은 일이기도 하다. 붓다가 말없이 꽃 한 송이를 들어올리고, 엷은 미소 하나로 법을 전할 수 있었던 연유다.

선이 이렇다 보니 참선이 무엇인지 제대로 된 글 수단을 찾는 일도 쉽지가 않다. 다행히 두 명의 선사가 흔적을 남겨 놓았다. 20세기 초반에 서구에 선(禪)을 소개한 스즈키 다이세츠

(鈴木大拙)와 반세기 후에 대를 이은 스즈키 순류(鈴木俊降)다.

『이야기 미국불교사(How the Swans Came to the Lake, 1981)』의 저자 릭 필즈는 스즈키 다이세츠를 중국선의 초조(初祖)인 보리달마와 비교하여 미국 선의 초조라고 평가하였고, 종교학자 로버트 샤프(Robert Sharf)는 그를 서양에 선을 전파한 가장 중요한 인물로 간주하였다.[22] 스즈키 다이세츠의 업적에 대한 평가는 여기에서 멈추지 않는다. 역사적으로 플라톤 저서의 라틴어 번역, 아인슈타인과 간디의 업적, 핵에너지의 발견이 가져다준 충격 등의 문명사적 사건과 비교되기도 한다. 올더스 헉슬리(Aldous Huxley), 에리히 프롬(Erich Fromm), 칼 융(Carl Jung), 토머스 머튼(Thomas Merton) 등 그의 영향을 받은 사상가들은 북미와 유럽을 망라한다. 선(禪)이 왜 서구에서 '젠'으로 통용되는지 끄덕이게 되는 배경이다.

스즈키 다이세츠를 이은 또 다른 선사 스즈키 순류가 남긴 발자취 또한 적지 않다. 다이세츠가 합리적 이성의 한계에 봉착한 서양에 동양의 통합적인 직관으로 극적인 깨달음을 이식했다면, 순류는 미국에 최초로 선 수행 센터를 열고 좌선을 통해 일상생활에서 견지(堅持)하고, 견우(見牛)할 수 있는 선 수행

22 법보신문, '세상을 바꾸는 불교의 힘', 2018년 8월 22일자, 1452호.

방법을 전파했다. 12년간 이어진 그의 행보는 히피 문화와 시민권 운동 등으로 혼란했던 1960년대 미국 사회에 문화적 충격을 일으켰다. 선(禪)에 위빳사나(觀)를 가미한 순류의 명상설법이 미국에서 대중적이고 실용적인 명상으로 위력을 떨치면서 그가 남긴 유일한 책 『선심초심』은 고전의 반열에 올라있다. 이 책은 스티브 잡스가 가장 많은 영향을 받은 책으로도 유명하다.

스즈키 순류는 선심(禪心)과 초심(初心)을 강조했다. 선이란 매 순간 몸과 마음 자세를 바로 하고, 호흡과 하나 되는 수행이다.

"수행은 소나기를 맞아 흠뻑 젖는 것과 같은 것이 아니라, 안개 속을 걸으며 안개에 젖는 것과 같다."

특별한 바람이나 기대 없이, 초조함 없이, 심지어 '수행을 한다.'거나 '명상을 한다.'는 생각도 없이 그냥 하는 것. 옷이 안개에 젖는 것처럼 알 듯 모를 듯 오직 반복을 통해 이루어지는 확실한 변화다. 선은 그렇듯 '함 없는 함(無爲之爲)'이다. 다리가 아프고, 마음은 파도를 치고, 시간은 더디고, 주변은 소란스럽지만 이런 문제들 속에서, 제약들 아래서 자기의 길을 내려는 의지. 그 자체가 이미 수행이자, 선심(禪心)이다. 매일 하는 일이지만 늘 처음 하듯이, 매일 앉지만 마치 오늘 처음 앉듯이 마음을 앉히는 자세가 초심(初心)이다.

좌선(坐禪), 앉아서 선을 수행해야 하는 이유는 새롭게 살기 위함이다. 거듭나기 위한 첫걸음은 지관타좌(只管打坐)다. '그저 앉아 있는 것.' 잘했다는 생각, 못했다는 생각, 잘하려는 생각 등 일체의 생각을 제쳐 두고 다만 앉아 있을 수 있다면 '앉고자 하는 노력'과 '집중하려는 의지'는 어느새 정신의 자유와 존재의 자유로 보답한다.

일행삼매(一行三昧), 한 가지 일에 온몸과 온 마음이 하나로 모아지는 경지다. 시간을 잃고, 공간도 잃고, 하는 나도 흩어지는 고도로 집중된 상태다. 좌선을 통한 삼매의 경험은 일상에서 끝없이 벌어지는 왜곡된 견해와 잘못된 마음의 습관을 바로잡고 지금 여기에서의 삶의 의미를 선연하게 드러낸다. 유일하게 살 수 있는 바로 지금 이 순간, 무엇을 해야 하는지 또는 하지 말아야 하는지 곧장 알게 한다. 어제에 대한 후회, 내일에 대한 두려움 따위의 군더더기가 벗겨지고 오늘이 명료해지는 것, 그것이 참선이다.

밖이 아닌 내 안으로 들어가 아직 한 번도 마주한 적 없는 '나'를 꿰뚫는 참선을 이어 가기 위해서는 먼저 방해받지 않을 수 있는 고요한 자리를 잡아야 한다. 택처(擇處)다. 한결같이 앉을 수 있는 한 장소를 정한다. 둘은 득처(得處)다. 자리 잡은 곳에 반듯하고 편안하게 앉는다. 앉았으면 입가에 가벼운 미소를 띠고 온화한 표정을 지어 본다. 앉은자리 앞쪽에 심상으로 작은 동그라미를 그린 후 그곳에 시선과 마음을 가둔다. 들고나는 온갖 생각은 그냥 흘려보내며, 잡념을 일념으로 모은다. 중요한 것은 앉아 있는 동안 몸이 멈춰 있듯이 일체의 판단도 멈추는 일이다. 이렇다 저렇다 판단하지 않는 마음훈련은 참선뿐 아니라 생활선(生活禪)의 주요 과제가 된다. 동작 그만! 판단 중지!

흔히 누군가가, 혹은 어떤 상황이 '나를 화나게 했다.'고 한다. 하지만 세상에 '나를 화나게 하려고' 존재하는 일은 없다. 흘러가는 현실에 반응하는 내 마음이 문제일 뿐이다. 온갖 짜증은 있는 사실을 그대로 바라보지 못하고, 좋다 싫다 해석하고 판단하는 나의 습성이 부른 화다. 분별하지 않고, 판단하지 않으면, 비난할 일도 분노할 일도 없다. 판단을 멈추면 불쾌하고 기분 나쁜 상황은 사라진다.

몸과 마음이 득처가 되었다면 호흡을 조절한다. 호흡이 거칠면 마음이 갈피를 잡지 못하고 정신도 산란해진다. 호흡은 마음과 정신의 질을 좌우하기에 모든 명상의 시작이자 핵심에 놓인다. 조식(調息)이다.[23] 가슴이 아닌 배로 숨 쉬는 복식호흡을 한다. 들이쉴 때 배가 볼록 나오고, 내쉬는 숨에 홀쭉해지는 호

---

23 혜거 지음, 『하루 15분 참선』(책으로여는세상, 2013) 참조.

흡법이다. 날숨은 들숨의 두 배로 느리게 한다. 복식호흡은 우리 몸의 긴장과 이완을 관장하는 자율신경계를 자극해 즉시 마음을 가라앉히고, 현존을 인식하게 하는 훌륭한 수행이다.

안정된 호흡으로 자리 잡은 참선은 서서히 '화가 나는' 상황과 '화를 내는' 자신을 분리해 볼 수 있는 마음의 힘으로 작용하기 시작한다. 참선은 삶이 내는 여러 가지 소리를 조율하는 튜닝이다. 수행자는 참선을 통해 분리된 말과 생각과 행동이 내면에서 하나로 조화를 이루고 균형을 잡아가는 것을 자각하게 된다.

그때, 끄덕끄덕 자신을 알게 되는 깨달음이 시작된다. 왜 그리도 잦은 짜증이 나고 분노가 가시지 않았는지, 그리고 얼마나 쫓기듯 살아왔는지를. 시간에 쫓기는 마음은 한순간도 '지금'을 살 수 없게 한다. 시간에 대한 강박이 사실은 강한 이기심이라는 사실도 알아차린다. '시간이라는 탈을 뒤집어쓴 자기집착'이 만나는 사람마다, 마주치는 상황마다 자신에게 짜증을 부르고 괴로움을 낳게 하는 원인이었다.

참선은 이기심을 걸러내는 거름망이다. 많은 현대인들이 현재를 살지 못한다. 끊임없이 다음 일, 그다음 일로 마음이 앞서가 있다. 그러고도 우왕좌왕 서성인다. 생각해 보자. 남보다 앞서간 그 끝에는 무엇이 있을까? 분주한 마음으로 치달려

간 맨 마지막엔 죽음이 있을 뿐이다. 삶의 끝은 죽음이다. 챙겨갈 수 있는 결과물이란 없다. 우리는 죽기 위해 사는 게 아니라 살기 위해 산다. 사는 일은 '지금'에만 가능한 일이다. 지금을 살지 못하면 영원히 살지 못한다. 삶의 묘미는 과정에 깃든 것이지 죽음이라는 종착역에 있지 않다. 차곡차곡 차분하게 지금을 살면 또 다른 지금일 죽음 또한 저절로 차분하고 위엄 있는 무엇이 된다.

바르게 앉은 몸에 명료한 의식을 앉히고, 생각과 시선을 한곳에 모은다. 멈추면 사라진다. 지금 여기에 스며드는 미소가 온전함이다. '앉아 있음'을 통해 어둠(無明)이 가시고, 고통에서 놓여나 몸과 마음이 편안하고 고요한 상태에 이를 수 있다. 이것이 명상이고, 좌선이다.

내 마음이 무엇이고, 내가 누구인지를 아는 마음, 선심(禪心)은 초심(初心)으로 매 순간 완성된다. 무엇이든 처음 하듯이 오직 그 일에만 주의를 기울이는 하나 된 마음이다. 앉아야 하는 이유는 순간순간 깊고, 가볍게 살기 위함이다.

4 득우 得牛
소를 얻음

온 정신 다하여 그 소를 붙잡았지만
거칠고 거센 마음 없애기 힘드네
갑자기 고원 높은 곳으로 뛰어오르는가 했더니
또 다시 저 구름 깊은 곳으로 숨어들고 만다네

Catching the Ox

With the energy of his whole being,
the boy has at last taken hold of the ox:
But how wild his will, how ungovernable his power!
At times he struts up a plateau.
When lo! he is lost again in a misty
unpenetrable mountain—pass.

竭盡情神 獲得渠
心强力壯 卒難除
有時纔到 高原上
又入煙雲 深處居

이제 소를 보기만 한 것이 아니라 소의 고삐를 붙잡았다. 혼신의 힘을 다해 잡았지만 그래도 잡아 둘 수가 없다. 소에게는 아직 풀밭을 그리워하는 완고한 '야성(野性)'이 남아 있기 때문이다. 아직도 채찍과 밧줄이 필요한 단계다.

그런 중에서도 나 자신의 본래 모습을 잠시나마 직접 접할 수 있는데, 이것은 어느 의미에서 실로 충격적이다. 이 놀라운 경험을 그냥 순순히 받아들일 수가 없다. 이렇게 나의 내면의 나와 대면하려 할 때 겪을 수 있는 '두려움과 떨림'의 경험을 소가 '거칠고 거세다.'는 말로 표현하고 있다.

"갑자기 고원 높은 곳으로 뛰어오르는가 했더니, 또 다시 저 구름 깊은 곳으로 숨어들고 만다."는 극적인 말도 지금의 내가 새로 발견된 나 자신과 완전히 편안하고 지속적인 관계를 유지하는 단계까지는 못 갔다는 뜻이다. 아직도 옛 자아에서, 옛 훈습(薰習)에서, 완전히 해방된 상태가 아니기 때문이다.

미국의 세계적인 신화학자 조지프 캠벨의 진단에 의하면, 영적 모험을 감행할 때 '알지 못하는 것(the unknown)'에 대해 두려움, 의심 등의 단계에 이른다고 한다. 이런 두려움과 의심을 신화에서는 괴물이나 귀신이 나타나 되돌아가라고 위협하는 것으로 표현된다고 한다. 이럴 때 다시 원점으로 되돌아가려는 '유혹'을 느끼는데 영웅적 용기가 있는 사람만이 이 단계를 거칠 수 있다고 한다.[24]

16세기 스페인 신비주의자 십자가의 성 요한(St. John of the Cross)이 말하는 '영혼의 어두운 밤(the dark night of the soul)'도 이런 경험을 말하고 있다고 할 수 있다. 그는 영적 여정을 시작할 때도, 가는 도중에도, 그리고 신과의 합일에도 모두 영혼의 어두움을 느끼지 않을 수 없었다고 한다.[25]

한편 이렇게 자기의 본모습을 비교적 뚜렷하게 본 결과, 자의식이 예민해져 그전까지 느껴보지 못했던 자신의 부정적인 훈습 또한 더욱 뼈저리게 의식하기도 한다. 이럴 때 이 부정

---

24 조지프 캠벨 지음, 이윤기 옮김, 『천의 얼굴을 가진 영웅』(민음사, 1999).

25 오강남 지음, 『진짜 종교는 무엇이 다른가』(현암사, 2010).

적 요인들을 제거하려는 정화(purification)의 과정이 필요해지기도 한다. 소를 잃어버릴 수도 있다는 위험성을 인지하고 고삐를 단단히 잡는다. 소를 길들일 준비를 하는 단계라고 볼 수 있다.

다음에 나오는 세 권의 책에서 나의 진면모를 살짝 보았지만 그것으로 모든 것이 끝나지 않았다는 사실을 발견해 보았으면 한다.

낮은 의식, 높은 의식

데이비드 호킨스 『의식 혁명』

인적 없는 고급 주택가에 허름한 차림의 노인이 홀로 길모퉁이에 서 있다. 이 노인을 바라보는 나의 시선은 어떨까? 지저분한 부랑자로 보거나, 속으로 게으른 인생이라고 비난할 수도 있다. 혹은 노숙자를 해결하지 못하는 사회에 분노를 느끼고 노인 복지문제에 대해 생각하는 계기가 될 수도 있다. 무언가 도움이 되고자 다가가 말을 걸 수도 있으며, 타인의 시선을 아랑곳하지 않는 모습에서 사회적 편견을 초월한 '자유로운 내면'을 읽어 낼 수도 있다.

'한 사람'에 대한 이해는 보는 사람의 관점이나 인지능력에 따라 다양한 스펙트럼으로 나타난다. 동일한 현상이 지각하는 사람의 의식 수준에 따라 수치심(20)이나 두려움(100)을 주거나 분노(150)를 자극하기도 하고, 반면에 용기(200)나 수용(350), 사랑(500) 같은 긍정성을 발현시킬 수 있으며, 기쁨(540)과 평화(600) 같은 심층의식으로 전이되기도 한다.

행동신체운동학 이론을 이용해 인간의 의식구조를 해부학적으로 규명한 정신과 의사 데이비드 호킨스는 이런 작용이 무엇을 의미하며, 왜 이런 차이가 나는지를 설명한다. 특정 실험을 통해 인간의 의식 수준을 1부터 1,000까지 수치화해 의식 지도를 제시한 그의 연구는 '의식 연구의 과학화'를 선도했다.

그는 대표 저서인 『의식 혁명』에서 '인간 행동의 숨은 결정자'로서 의식의 작동 양상을 힘(power)과 위력(force)으로 구분한다. 나의 의식이 삶을 풍요롭게 하는 긍정적인 힘이 될 수도 있고, 고통을 초래하는 파괴적인 위력으로 작용할 수도 있다는 말이다.

인간의 의식은 뇌라는 물질과 마음이라는 비(非)물질을 잇는다. 낮은 의식은 이미 길들여진 뇌와 마음에 통제당하고, 높은 의식은 이 둘을 통제한다. 삶은 의식과 무의식의 밀당이다. '초록 소'를 찾는 일은 시키지 않아도 자동으로 반응하는 뇌의 성격을 이해하고, 모양 없는 마음을 꿰뚫는 고도로 의식적인 행위다. '이 순간에 어떤 판단도 하지 않고 주의를 기울이는' 연습, 곧 명상을 통해 얼핏 '숨겨진 참나'를 보고(見牛), 찰나에 그와 하나 되는 경험(得牛)을 한다 해도 엄청난 중력의 힘으로 우리를 끌어내리는 무의식은 그렇게 쉽사리 의식에게 자리를 내주지 않는다. 원래 하던 방식, 원래 가던 길, 습관이 된 원래로 돌아가려는 무의식은 뿌리치기 힘든 유혹이다. 작심이 삼일로 파장이 나는 이유다. 소를 얻는 득우(得牛) 단계는 의식을 벼리고 또 벼리는 점수(漸修)의 과정이다.

오늘 내 앞에 벌어진 일이 스트레스로 경험되는지, 아니면 기회로 경험되는지 돌아보자. 그것은 일 자체가 아니라 그 일에 반응하는 나의 태도와 작동방식에 달려 있다. 마음의 자세와 몸의 반응 또한 의식의 영역 안에 있다.

> "고통(pain)과 괴로움(suffering)은 사람이 의식의 바닥 수준에 가까워질수록 더욱 커진다."

외적 현상을 부정적으로 받아들이는 것이 고통이라면, 괴로움은 외적 고통에 저항하는 내적 고통이다. 후자는 내가 만드는 무형의 고통이자, 실은 없어도 되는, 없을 수 있었던 고통이다. 내가 머무는 의식의 층위가 보이지 않는 손이 되어 매일의 삶을 마름질하고, 질을 판가름한다. 삶은 자각하는 의식과 자각하지 못하는 무의식의 줄다리기이기 때문이다. 낮은 의식은 부정적 습관이 주인 노릇하는 무의식의 노예 상태며, 높은 의식은 무의식에 휘둘리지 않고 적극적인 의식의 주인으로 사는 능동 상태다.

우리 의식이 드러날 때, 그것을 힘(power)과 위력(force)으로 나누어 볼 수 있다. 힘은 생명을 지지하는 것, 품위를 부여하고 숭고하게 만드는 것, 전체적인 것과 결합되어 있다. 마음에서 솟는 힘은 의미에서 일어나며 수용과 기쁨, 자유를 낳는다. 반면에 위력은 개인이나 조직의 이득을 위해 생명을 착취하는 것과 연결된다. 그것은 물질세계에 뿌리내리고 있기에 일시적 만족은 줄 수 있지만, 목표가 달성되면 무의미라는 공허를 남긴다. 나의 의식은 어디에 가까운가? 힘인가, 위력인가?

현대인의 삶을 규정하는 단어, 스트레스가 일상어가 되어 있다면 나를 움직이는 엔진인 의식의 고삐를 쥐어야 한다. 불안과 두려움엔 익숙하지만 기쁨은 낯선 내 의식을 엑스레이 찍듯 들여다보는 것이다. 보이지 않는 의식은 고스란히 신체로 스며들어 현실을 조작한다. 파괴적 위력(force)을 발휘하는 낮은 의식은 관계의 불협화음으로, 질병으로 우리 삶을 쥐락펴락한다. 반면 생명의 힘(power)을 낳는 높은 의식은 조화와 사랑으로, 승화와 깨달음으로 나타난다.

"의식의 척도에는 큰 발전을 가능하게 해 주는 두 개의 임계점이 있다. 첫 번째는 200으로, 힘의 부여가 일어나는 초기적 수준이다. 이 지점에서는 비난을 멈추고 자신의 행동, 느낌, 신념에 대한 책임을 수용하려는 자발성이 일어난다. 원인과 책임을 자신의 외부로 투사하는 한, 사람은 피해자역이라는 무력한 방식 안에 머물 것이다. 두 번째는 500수준이다. 이 수준에 이르는 길은 사랑과 시비 분별하지 않는 용서를 하나의 생활양식으로 수용하는 것이고, 모든 사람, 모든 것, 모든 사건에 예외를 두지 않는 무조건적 친절을 베푸는 것이다."

인류의 85퍼센트가 의식 수준 200 이하로 측정되는 상태이기에 쉽게 사교(邪敎)가 증식되고, 가짜뉴스가 거침없이 확산되며 서슴없이 받아들여진다. 선택적 의지가 더해지지 않을 경우, 인간의식은 평생을 살아도 평균 5점 정도밖에 상승하지 않는다는 다소 비관적인 연구결과를 보이고 있지만, 의식을 고양하겠다고 하는 '개인의 선택'과 '수행 의지'로 발전 잠재력은 무한대로 열릴 가능성이 있다.

의식 수준이 200 이상에 이른 15퍼센트의 집단적 힘에는 나머지 85퍼센트의 부정성을 상쇄하는 무게가 있으며, 이 가운데는 매우 고차원의 의식을 발하는 영적 천재들이 포함되어 있다. 인류의 역사가 낳은 수많은 성인(聖人)들이 그 증인이다.

사람은 의식이다. 그리고 의식은 빛이다. 한 사람이 달성한 의식의 고양은 자신뿐 아니라 인류를 구원하는 힘(power)으로 세상을 감싸 안는다. 나는 누구이고자 하는가? 세상에 빛지는 자, 세상에 부정성을 더하는 자로 살다 갈 것인가, 아니면 긍정의 빛으로 살다가 세상에 사랑의 흔적을 남기고 갈 것인가. 오늘, 지금, 이 순간 나의 자각과 의식적인 선택에 달렸다.

"보다 의식적으로 되는 것, 이것이야말로 사람이 세상에 줄 수 있는 가장 큰 선물이다."

진짜 나, 가짜 나

에크하르트 톨레『이 순간의 나』

"나는 더 이상 나 자신과 함께 살 수 없어."

깊은 좌절과 절망이 배어 나오는 이 신음은 다름 아닌 21세기를 대표하는 영적 지도자 에크하르트 톨레의 절규다. 나인 줄 알고 살았던 내가 진짜 내가 아니었다는 사실을 깨치듯 체험한 이후, 그는 중력보다 더 무거운 힘으로 삶을 끌어내렸던 우울에서 근원적으로 벗어날 수 있었다. 함께 살 수 없다고 몸부림쳤던 '가짜 나'와 영이별하고, 새로이 발견한 '진짜 나'로 이제는 생이 얼마나 아름다운 것인지를 전하는 영적 스승의 삶을 살게 되었으니, 이 보다 더 멋진 일, 더 큰 기적이 있을까?

처녀작 『지금 이 순간을 살아라(The Power of Now)』에서 읽을 수 있었던 그의 영성은 차기작 『Now-행성의 미래를 상상하는 사람들에게(A New Earth)』에서 더욱 깊어졌다. 에크하르트 톨레는 극심한 자살 충동을 느끼는 사람에서 《뉴욕타임스》가 인정하는 '미국에서 가장 신뢰할 만한 명상 분야의 저자'로 거듭난 반전 인생의 산증인이다.

만약 '내 안에 있는 나'가 너무 버거워 더는 함께 살 수 없을 것 같은 마음이라면 톨레와 마주 앉아 보자. 지푸라기를 잡는 심경이어도 좋다. 그의 고백이 생기가 되고, 어느 말 한마디가 돛단배 되어 마음의 위기를 안전하게 지나게 할 것이다. 생의 급류에는 두 얼굴이 있다. '빠질 위험'과 '빠른 성장'이다. 후자를 택할 수 있다면 급류는 서프라이즈, 깜짝 선물이 된다.

역작 『NOW』는 필자에게도 각별한 책이 되어 서재의 가장 좋은 자리에 보관되어 있다. 마치 환속을 기다려왔다는 듯 때맞춰 출간된 이 책은, 당시의 목마름과 새로운 유형의 고단함을 말끔히 해소하고도 남음이 있었다. 진리니, 자유니 하는 종교의 전유물처럼 여겨졌던 영역이 비종교적인 언어로 이렇듯 깊고 담담하게 전해질 수 있다니! 마치 화려한 종교의식이 온갖 거추장스러운 장식을 벗고 단순하고 깨끗한 맨살로 다가온 것 같은 신선한 기쁨을 기억한다.

각성, 깨달음은 모든 존재들 속에서 피어나기를 기다리고 있는 꽃이다. 톨레는 꽃과 그 향기를 '식물의 깨달음'으로 비유한다. "풀과 나무에서 나타났지만 풀과 나무보다 더 덧없고, 더 신령하고, 더 섬세한 꽃은 다른 영역에서 온 메신저, 물질적인 형상으로 나타난 세계와 형상 없는 세계를 잇는 다리"이자, "꽃들은 인간을 기분 좋게 하는 우아한 내음을 지녔을 뿐 아니라 영적인 차원으로부터의 향기도 전해 주는"[26] 날개 없는 천사다.

꽃은 진화 선상에서 벗어나 전혀 다른 차원으로 옮겨 가는 질적 변화의 상징이며, 동시에 향기라는 비(非)물질화를 통해 무경계로 확산된다. 식물이 꽃을 피우면 세상은 향기로 진동한다. 사람도 그렇다. 각성이라는 존재의 꽃을 피우면, 고양된 의식은 국경을 넘어 세상을 이롭게 한다.

이 책을 쓰는 동안 톨레의 신간 소식을 접했다. '세계 3대 영적 지도자 에크하르트 톨레 사상의 핵심 집약판이자 실천편'이라는 해설을 달고 있는 『이 순간의 나』. 서둘러 읽어 보았다. 작고 얇은 책답게 톨레가 반복해 주장해 왔던 몇 가지 주제가 간결하게 요약되어 있고 이전에 없던 명상수행 방법도 더해져 있다. 에크하르트 톨레를 접해 보지 않은 독자들의 '톨레 입문서'로 손색이 없다. 에고라는 거짓 자아의 존재 방식, 시간이라

26 에크하르트 톨레 지음, 류시화 옮김, 『NOW-행성의 미래를 상상하는 사람들에게』(조화로운 삶, 2008).

는 망상이 만드는 삶의 부조화, 고통의 연금술, 그리고 지금 이 순간 여기에 존재하는 현존(現存)의 막강한 힘에 대한 스페셜 에디션이다. 불행의 원인이 되는 '자기 자신이라는 감옥'에서 벗어나 어떻게 지금 이 순간이 기쁨이고, 자유일 수 있을지 비법 아닌 비법을 나눈다.

지금의 내가 아닌 좀 더 괜찮은 나, 지속적으로 내 마음에 드는 나로 변화를 시도한 길벗들, 저마다의 방식으로 마음을 찾는 심우(尋牛)의 길 위에 있는 순례자들에게는 반가운 쉼터가 될 듯하다. 거친 숨을 고르고 다시 걸어 나갈 힘을 추스릴 수 있는.

톨레는 삶과 죽음을 초월한 영원한 것을 '신'이라는 닫힌 개념 대신 '존재'라는 열린 개념을 사용해 지칭한다. 존재란 모든 형태의 깊은 곳에 자리하는 눈에 보이지 않는 본질, 우리의 가장 깊은 자아를 의미한다. '있음'은 고요한 마음으로 온전히 현재에 머물 때 느낄 수 있다. "존재에 대한 인식을 되찾고, '느낌-자각'의 상태에 머무는 것이 바로 깨달음"이며, 그것은 "그저 존재와 하나됨을 느끼는 자연스러운 상태로, 본질적으로는 당신이지만 당신보다 훨씬 위대한 무언가와 연결된 상태"다.

존재하면서도 스스로 '존재'를 자각하지 못하는 이유는 나를 나의 마음으로 착각하는 데 있다. 온갖 두려움과 고통이 기생하는 곳이 바로 마음이 만들어 낸 거짓 자아, '가짜 나'다. 만약 내가 마음이 아니라면? 생각이 내가 아니라면? 나는……? 곧장 뭐라 답할 수 없는 이 여지, 이 여백이 새로운 의식, 진짜 나가 이윽고 모습을 드러낼 수 있는 틈이다.

> "자유는 당신이 '생각하는 자'가 아니라는 걸 깨달을 때 시작됩니다. 생각하는 자를 관찰하기 시작하는 순간, 더 높은 수준의 의식이 깨어납니다. 그러면 당신은 생각 너머에 거대한 앎의 영역이 있다는 걸 깨닫게 됩니다."

> "'지금'이 가장 소중한 이유는 무엇일까요? 우선, '지금'만이 유일하게 존재하는 시간이기 때문입니다. 그리고 '지금'이 존재하는 전부이기 때문입니다. 영원한 현재인 '지금'이 인생이 펼쳐지는 공간이고, 변함없는 하나의 실재입니다."

삶도, 고통에서의 놓여남도, 깨달음도, 행복도 오직 '지금 이 순간'에만 있다. 지금을 살지 못하는 한 만족은 머물 곳이 없을 뿐더러, 삶 또한 통째로 집을 잃은 부랑 신세를 면하기 어렵다.

분주하고 한시도 가만히 있을 줄 모르는 마음을 현재에 머물게 하기 위한 방편으로 우리는 몸을 의식할 수 있다. 몸이 있는 곳에 마음을 두어 이 순간에 닻을 내린다면 '가짜 나'는 흩어진다. 다른 어디 말고 지금 여기에 닻을 내리고, 또다시 내리고, 또 내리는 일이 득우(得牛)다.

현존 연습은 '이 순간의 나'로, '진짜 나'로 살게 하는 강력한 통로가 된다. 순간순간 안으로 뿌리내리는 '진짜 나'는 몸이라는 물질, 고통이라는 환상을 넘어 다사다난한 삶에서 명료하게 드러난다. 지금도 꽃망울이 자라고 있다.

세 가지 질문

켄 윌버 『무경계』

"우리는 누구인가?
우리는 어디에서 왔는가?
우리는 어디로 가는가?"

후기 인상파 화가 폴 고갱이 자신의 그림 한쪽 귀퉁이에 써넣은 세 가지 질문이다. 강렬한 색채로 원시적 아름다움을 화폭에 담았던 고갱은 산업으로 오염된 문명 세계를 벗어나 남태평양 타히티 섬에서 자기만의 예술을 완성시켰다. 고갱은 그곳에서 스스로 던진 물음에 답을 얻었을까? 원주민의 삶과 뜨거운 태양이 낳은 그의 색채에서 '나'라는 경계를 넘어 무경계로 향하는 여행자의 자유를 엿본다.

이 세 개의 물음은 여전히 각자가 풀어야 할 우리의 질문이다. 사사로움을 벗어내야 실마리가 잡히는 난제다. 살면서 이 질문을 안고 씨름한 사람과 외면하고 지나온 사람은 다른 정신의 결을 이루고, 다른 삶의 지평을 갖는다. 질문을 놓지 않는 정신은 색다른 사람의 향기를 뿜어내고, 삶의 지평은 몸이 속한 세상을 넘어 마음이 노니는 시크릿 가든으로 확장된다. '나는 누구인가?'는 비밀의 정원 문을 여는 열쇠다.

이 질문 하나로 동서고금의 의식을 한 갈래로 취합한 사람이 있다. 의식 분야의 아인슈타인으로 불리는 켄 윌버(Ken Wilber)다. 그는 정신분석에서 선불교, 게슈탈트 치료에서 초월명상(TM), 실존주의에서 베단타에 이르기까지 동서양의 심리학과 정신요법, 신비 사상을 총망라해 '의식의 스펙트럼'이라는 독창적인 개념을 제시해 통합심리학(integral psychology)이라는 새로운 지평을 열었다.

『무경계』는 그가 약관의 나이에 쓴 최초의 학술 저서 『의식의 스펙트럼』의 대중서 격이다. 켄 윌버 스스로 이 책은 물질로부터 몸, 마음, 혼(soul), 영(spirit)에 이르기까지 인간 의식이 접근 가능한 '전 대역(full spectrum)'을 제시하고 있으며, 심리학과 영성을 통합시켜 놓은 책이라고 자부한다. 잠재의식(sub-conscious)에서 자의식(self-conscious)을 거쳐 초의식(super-conscious)으로, 달리 표현하면 본능에서 에고, 나아가 신성으로 확장될 수 있는 인간의 의식 전 영역이 한 폭에 담겨 있다.

켄 윌버의 세계에 관한 인식은 불교와 같은 선상에 있다. 세상은 고통의 도가니이며, 끝없이 선을 긋고 분열하는 전쟁터다. 고통이 유발되는 시작과 놓여나는 해소 지점을 인식의 '경계'로 해석한 부분에서 심리학자다운 섬세함과 영성 수행자다운 통찰력이 빛난다. 나와 남, 삶과 죽음, 이성과 본능 등.

선 밖을 '적'으로 인식하는 경계는 외부에만 있는 게 아니다. 경계는 내 안에 더 교묘하게 잠입해 들어와 있다. 몸과 마음 사이의 경계야말로 가장 해체하기 어려운 괴로움의 출발선이다. 안팎으로 거침없이 세워 둔 무수한 경계 때문에 인간은 폭력에 노출된 채 출구 없는 불행에 갇힌 신세로 산다. 나와 나 아닌 것 사이의 경계는 소위 정체성이라는 자기 이해로 설명되지만, 정체성이라는 경계선 역시 얌전히 한 자리를 지킬 줄 모른다. 오락가락, 사는 내내 정체성은 혼란의 줄타기를 하고, 삶은 덩달아 널을 뛴다. 이것이 고통이다.

"빛과 그림자, 긴 것과 짧은 것, 검은 것과 흰 것, 이와 같은 것들이 서로 별개로서 구별되어야 한다는 말은 그릇된 것이다. 그것들은 단독으로는 존재하지 못한다. 그것들은 다만 동일한 것의 다른 측면일 뿐이며, 실재가 아니라 관계성을 말하는 단어들이다. 존재의 조건은 상호 배타적이지 않다. 만물은 본질적으로 둘이 아니고 하나다."

"얻고자 함 없이 그저 스스로 오는 것에 만족하고, 양극을 초월하여 시기심으로부터 해방된 자, 성공이나 실패에 집착하지 않는 자, 그는 행위 속에서도 속박되지 않는다. 갈망하지도 않고 혐오하지도 않는 그를 일컬어, 영원히 자유롭다고 한다. 양극을 초월한 자는 갈등에서 쉽게 풀려나기 때문이다."

전자는 비(非)이원성을 말하는 불교 경전 『능가경(楞伽經)』이며, 후자는 긍정도 부정도 아닌 이 둘의 양극으로부터의 해방의 의미를 설명하는 힌두 경전 『바가바드기타(Bhagavad Gita)』다.

"실재는 무경계다."라는 참을 가리키는 손가락은 비일비재하다. 그런데 어째서 내 안과 곁의 세상은 불화로 가득한가? 하나를 둘로, 둘을 셋으로 쪼개고 나누는 경계들 때문이다. 소외시키고, 차단하고, 불통하게 하는 위력이 있다. 경계선으로 우리의 의식은 이중삼중으로 차단되어 있다. 보아도 보지 못하고, 들어도 알지 못하는 불행의 반복이자, 고통이 쳇바퀴처럼 윤회하는 이치다.

"투쟁은 해결(solved)되는 것이 아니라 저절로 해소(dissolved)된다."

경계로 인한 괴로움은 경계와의 맞섬을 멈추고, 오직 그 경계를 '허무는' 것으로 해소될 수 있다. 켄 윌버는 허물어야 할 의식의 경계를 4가지 스펙트럼으로 나눈다.

가장 낮은 단계인 페르소나 수준(The Persona Level)은 척하며 사는 허약한 자아가 '나 아닌 것'으로 억압하고 소외한 그림자들과 대극하며 고통을 유발한다.

페르소나와 그림자 사이의 경계를 해체하고 좀 더 안정된 자기 정체감을 발견할 수 있는 두 번째 켄타로우스 수준(The Centaur Level)은 페르소나에 붙들린 허약한 나가 점차 다양한 측면을 수용할 수 있는 단계다. 반인반마(半人半馬)인 켄타로우스로 표현되며, 여기서 나는 몸을 소유한 머리에 있는 의식이다. 이 단계에서 인간은 전유기체(total organism)로서 자아와 몸의 분리 의식을 넘어 전체를 동일시할 수 있는 각성이 요청된다.

물질(몸)과 비물질(정신)의 경계가 지워지면 이윽고 심층의 나가 모습을 드러낸다. 초월적인 나(The Self in Transcendence)다. 나는 몸도, 욕망도, 감정도, 생각도 아니다. 이 단계에서 이윽고 "불안은 내가 아니야."라고 의심 없이 말할 수 있게 된다. 나는 순수한 자각의 중심이자 부동의 주시자로 우뚝 선다. 초월적인 나에게 마음이 부리는 일은 '하늘에 떠다니는 구름'일 뿐이다. 구름 때문에 고통받는 일은 없듯 초월한 내게 거리낄 일은 없다. "자신의 마음을 거울처럼 부려 그 어떤 것도 붙잡거나 거부하지 않는다. 그 마음은 응하지만 머무르지 않는다."는 『금강경』의 일단을 떠올리게 하는 장자의 말이다.

마지막은 궁극의 의식 상태인 합일의식 단계(The Ultimate State of Consciousness)다. 각각의 스펙트럼이 하나의 파도라면 합일의식은 바다 그 자체다. 파도와 바다 사이에는 어떤 분리나 경계도 없다. 매 순간이 덧없이 스쳐 가는 눙크 플루엔스(nunc fluens)가 아니라 영원한 현재인 '눙크 스탄스(nunc stans)', 무경계 세상이다. 과거와 현재와 미래가 하나로 통합된 의식이다. 의식의 눈을 가리는 가장 높고 두터운 경계인 시간이 허물어지는 경지가 열린다. 과거의 후회와 미래의 불안 속에서 한순간도 현재를 살지 못하는 인간에게 시간에 쫓기는 삶은 괴로움의 연속이다. '무시간적 순간에 살지 못하는 무능력'은 곧장 '영원의 기쁨 속에 잠기지 못하는 무능력'으로 삶을 고통 속으로 끌어들인다.

"합일의식의 상실은 우리를 경계의 세계, 공간과 시간, 고뇌와 죽음의 세계로 빠뜨린다. 우리의 모든 욕망, 바람, 의도, 소망은, 궁극적으로는 합일의식에 대한 '대리만족'이다. 그러나 그것은 다만 절반의 만족에 지나지 않으며, 따라서 절반은 여전히 불만족 상태이다."

우리 모두에게는 알든 모르든 합일에 대한 열망이 있다. 진리 안에서 자유하고자 하는 궁극의 욕망이다. 도대체 나는 누구인가? 어디에서 와서, 어디로 가고 있나? 세 가지 물음이 소를 몰고 온다. 흐릿한 나를 물을수록 나는 선명해지고, 나를 비울수록 나는 차오른다.

5 목우牧牛
소를 길들임

채찍과 밧줄 잠시도 몸에서 떼지 않는 것은
혹시나 그가 함부로 흙먼지 속으로 끌려갈까
두려운 것
서로 잘 이끌고 이끌려 온순해지면
묶어 놓지 않아도 저 스스로 사람을 따르리

Herding the Ox

The boy is not to separate himself
with his whip and tether,
Lest the animal should wander away into a world
of defilements;
When the ox is properly tended to,
he will grow pure and docile;
Without a chain, nothing binding,
he will by himself follow the oxherd.

鞭索時時不離身
恐伊縱步惹埃塵
相將牧得純和也
羈鎖無拘自逐人

앞 단계에서 보여 준 대로 소를 잡았다고 해도 길들여지지 않은 소를 잃어버릴 위험성은 상존한다. 따라서 소를 잡을 때 사용했던 '채찍과 밧줄'을 아직 몸에서 뗄 수가 없다. 언제 그 소가 다시 흙먼지 속으로 사라질지도 모르기 때문이다. 물론 엄격히 말하면 '채찍과 밧줄'이 필요한 것은 내 밖에 있는 소 자체를 붙잡아 놓기 위함이라기보다 아직도 이기적인 나 자신의 '거칠고 거센' 마음을 다스리기 위함이라 보아야 할 것이다.

화엄경(華嚴經)에서 말하는 십지(十地)라는 것이 있다. 보살이 이루어 나가는 영적 발달 단계를 10단계로 나눈 것이다. 제1단계는 기쁨으로 가득 차는 환희지(歡喜地), 제2단계는 잘못과 번뇌를 뒤로하는 이구지(離垢地), 제3단계는 지혜의 빛을 발하게 되는 발광지(發光地), 제4단계는 잘못된 생각과 번뇌를 태워 지혜를 얻게 되는 염혜지(焰慧地), 제5단계는 어려운 지위를 얻어 구하기 어려운 중생을 구하는 난승지(難勝地), 제6단계는 반야바라밀(般若波羅蜜)의 대지(大智)가 눈앞에 나타나는 현전지(現前地), 제7단계는 세간을 초월하여 멀리 가게 되는 원행지(遠行地), 제8단계는 다시는 번뇌에 의해 흔들리지 않는 부동지(不動地), 제9단계는 이타행을 실천하고 지혜의 작용이 거침이 없는 선혜지(善慧地), 제10단계는 완성 단계로서 대자대비가 구름처럼 일어나는 법운지(法雲地)다.

여기서 주목하고자 하는 것은 제8지 부동지에 이르기 전까지는 언제나 뒤로 미끄러져 내려갈 위험성이 있다는 것이다. 그런 의미에서 십우도를 10개의 '단계'로 보기보다는 가파르게 경사진 '비탈길'이라 보는 것이 더 적절할지도 모르겠다.

아무튼 십우도에서도 제5화까지는 내가 찾은 소가 언제 사라질지 마음을 놓을 수 없다. 이 단계에서도 계속 거친 소를 붙잡고 길들이지 않을 수 없다. 그래서 목우(牧牛)의 단계다. 일단 길들여진 소는 이제 그림에서 보는 것처럼 고삐를 움켜잡지 않고도 다소곳이 뒤따라오고 있다. 물론 여기서도 소를 길들이는 것이 아니라 내 마음이 새로운 참나를 만났을 때 갖게 되는 처음의 충격을 지나 드디어 참나와의 조우에 편안함을 느끼기 시작하는 단계를 말한다. 이제 소가 나를 따른다. 밧줄이 느슨할 정도로 강제적인 요소가 없어졌다. 수행의 힘들고 긴 여정을 거쳐 이제 안온한 마음으로 본래의 나와 하나 됨을 체감하며 즐기기 시작하는 것이다. 마침내 이분법적인 대립의 세계가 사라져 간다.

다음에 나오는 두 권의 책은 나를 만나는 충격적인 경험을 이제 익숙한 경험, 그래서 즐기는 경험으로 변화시키는 목우, 소를 길들이는 이야기들이다.

괴로운 뇌, 행복한 뇌

장현갑 『명상이 뇌를 바꾼다』

목동과 소가 고삐로 이어져 있듯이 몸과 마음도 둘인 양 하나로 연결돼 있다. 나는 이질적인 둘의 연합체다. 물질로서의 몸과 관념으로서의 마음이다. 화성에서 온 남자와 금성에서 온 여자가 한몸을 이뤄 어떻게든 잘살아 보려 애쓰는 것 같다. 생긴 것도 다르고, 다른 빛깔을 띠며, 다른 방식으로 존재하지만 둘은 깊이 서로에 기대어 있다. 나는 빨강과 파랑이 하나로 섞인 초록이라는 사랑이다. 나는 공존이다.

삶이 시끄럽다면 둘의 공존이 조화롭지 않음을 의미한다. 몸 따로 마음 따로여서 둘의 대화가 필요하다. 몸과 마음의 대화. 바쁘다는 핑계로 '나'는 줄곧 뒷전이었다. 의지는 오락가락 갈피를 잡지 못하고, 생각은 여기로 저기로 널을 뛰고, 마음은 쉴 곳을 찾지 못하고, 몸은 신음소리를 낸다. 내 몸과 마음을 외면한 채 어디서 나를 찾을 수 있을까?

뇌 심리학은 '방치된 나'를 추스르고 산지사방 흩어져 있는 나를 모으는 데 유용한 통로를 제공한다. 우리 몸을 관장하는 중추인 뇌를 이해하고, 뇌가 마음에 미치는 영향을 알아차리면 지금까지와는 다른 나, 다른 삶으로의 변환이 한결 쉬워진다. 뇌를 통해 마음을 길들이는 새로운 접근이다. 뇌라는 고삐를 잘 쓰면 마음은 한결 느긋해질 수 있다.

"사람은 변하지 않는다."

노벨생리의학상을 수상한 신경해부학자 라몬 이 카할(Ramon Y Cajal)이 주장했던 어린 시절 형성된 뉴런(신경원)이 불변한다는 주장이다. 정설처럼 회자되었던 이 같은 주장은 20세기가 되면서 편견으로 밝혀졌다. '신경가소성' 혹은 '뇌 가소성'이라는 새로운 개념의 등장으로 뉴런 불변설은 긴 세월 독재처럼 누리던 지위를 잃게 되었다.

한번 만들어진 신경 연결 구조는 영구불변하는 것이 아니라 우리의 정신 활동과 생각, 의식적인 행동에 의해 새롭게 형성된다. '세포 조립(cell assembly)' 이론이 등장한 것은 1949년이다. 이후 자기공명 영상(MRI) 같은 특수한 뇌 연구 장비들의 발달로 가설은 차곡차곡 가시적인 사실로 입증되었다.

"뇌는 바뀐다."

우리는 지금 이 순간에도 새로운 뇌를 만들고 있으며, 심지어 원하는 대로 만들 수 있다.

괴로운 뇌, 즐거운 뇌, 우울한 뇌, 사랑하는 뇌, 증오하는 뇌, 욕하는 뇌, 활발한 뇌, 차분한 뇌……. 쇼핑하듯 그때그때 마음에 드는 뇌를 선택해서 내 것으로 장착할 수 있다. 하지만 팔색조 같은 뇌(생각 혹은 마음)를 순간순간 원하는 대로 조종할 수 있는 사람이 얼마나 될까? 수많은 나들이 주인은커녕 감정의 노예가 되어 부정적인 생각의 하수인으로 끌려가듯 살아가는 이유다. 수영할 줄 모르는 사람에게 물은 두려움의 대상이지만, 영법(泳法)을 아는 사람에게 물은 새로운 차원으로 건너갈 수 있는 기회의 공간이자 말로 할 수 없는 즐거움의 원천이다. 뇌도 마찬가지다. 뇌를 내가 원하는 최적의 상태로 리셋할 수 있다면 어떨까? 만약 지속적으로 행복한 뇌의 주인이 된다면 얼마나 다른 삶이 될지 생각만 해도 짜릿하다. 뇌를 리셋하는 빠른 길로 부상한 것이 '명상(meditation)'이다.

'명상이 뇌를 바꾼다.'는 이슈는 뇌과학의 뜨거운 화제가 되었다. 한국형 마음챙김 명상(K-MBSR)을 도입한 고(故) 장현갑 교수는 생전에 뇌 가소성의 과학적 근거를 중심으로 행복한 뇌를 만들기 위한 뇌심리학 이론과 실천적인 마음챙김 명상 수행법을 정리해 두었다. 내용의 상당 부분을 차지하고 있는 명상의 치료 효과와 명상으로 활성화되고 재구축되는 '명상하는 뇌'의 메커니즘을 목도(目睹)하는 일은 그 자체만으로 신선한 각성이 될 수 있다. 독자가 만약 기독교인이라면 눈앞에서 펼쳐지는 '명상혁명'을 보면서 명상에 대한 막연한 종교적 거부감과 심리적 거리감을 극복하고 새로운 신앙고백을 하게 될지도 모른다. '명상은 과학'이라고.

서구가 명상에 주목하기 시작하면서 명상이 갖는 의학적·심리적·과학적 효과들이 속속 드러나고 있다. 스트레스와 관련된 수많은 증상들, 이른바 지속적인 불안감, 걱정, 초조, 흥분, 짜증, 불필요한 시비, 부산한 마음, 자신과 타인에 대한 비판적인 태도, 따분한 감정, 분노, 집중 장애, 불면, 두통 같은 어려움들이 명상으로 인한 심신 이완으로 해소된다는 것이 임상실험 결과들이다.

명상이 우울증 같은 질병과 일상을 개선하는 데 괄목할 만한 효과를 낳는다는 사실이 입증되면서 불교 수행자들의 몫이었던 마음공부가 승속(僧俗)을 넘어 현대인들의 고단한 일상을 개선하고 있다. 한편 의식을 고양하고 궁극적 변화를 체험할 수 있다는 사실이 알려지면서 명상은 실용과 영성 모두의 필요를 충족시키는 방편으로 폭넓은 지지를 얻고 있다. 명상은 마음이 하는 요가다. 현대인에게 명상은 선택이 아니라 필수 항목으로 자리매김했다. 인류가 '명상하는 사람'과 '명상하지 않는 사람'으로 나뉘는 명실공히 명상의 시대가 오고 있다.

> "마음챙김 명상을 통해 알아차림, 정서 조절, 자기 조절, 학습 및 기억, 공감이나 연민(자애) 같은 심리적 기능에 중요한 역할을 담당하는 뇌 부위들, 예컨대 전전두피질, 전방대상피질, 후방대상피질, 해마, 섬피질, 편도체, 두정측두경계피질 등에 구조적으로 변화가 일어난다."

명상을 하면 최소 여덟 군데의 뇌 부위에서 변화가 일어난다. '명상이 뇌를 바꾼다.'는 연구 결과는 분리된 몸과 마음을 조율하고, 이윽고 내가 내 몸과 마음의 실질적 주인으로 거듭날 수 있다는 구체적 희망으로 등극했다. 이제는 몸과 마음이 공존하자. 명상으로 변화된 뇌는 삶의 변화로 드러난다. 어렵고 힘든 상황에서 차분한 마음을 잃지 않고 불만 대신 긍정의 말을 하는 나를 상상해 보면 된다. 마음을 바꾸기 어렵다면, 뇌를 바꿔라.

낭보(朗報), 기쁜 소식

페터 슈포르크 『인간은 유전자를 어떻게 조종할 수 있을까』

진짜 나를 찾고, 새로운 나를 빚어가는 것은 관념적인 일이 아니다. 21세기 바이오의학의 혁명을 완수하는 '후성유전학(後成遺傳學, epigenetics)'을 통해서 내가 변해 가는 과정을 손에 잡힐 듯 감각하고 이해할 수 있다.

20세기 후반부터 주목받기 시작한 후성유전학은 우리 몸을 이루는 세포의 유전체(genome) 위에 존재하는 '후성유전체'를 연구하는 학문이다. 후성유전체란 세포에게 어떤 기억을 부여하는 '제2의 암호'로, 각 세포의 정체성을 결정하는 역할을 한다. 세포들이 유전암호를 활용할 수 있도록 돕는 일종의 소프트웨어이며, 이들은 '환경'의 영향을 받아 세포를 재편성(reprogramming) 한다. 후성유전학의 발달로 수백 년간 논란이 된

'양육 vs. 본성(nurture vs. nature)'의 대립도 끝이 났다. 둘은 대립하는 관계가 아니라 서로 보완하는 사이였다. 우리가 처한 환경은 고스란히 유전에 영향을 미치고, 유전 또한 환경에 빠짐없이 영향을 준다.

유전기술과 줄기세포 연구로 노벨상 후보로 거론되고 있는 미국 화이트헤드연구소의 루돌프 재니시(Rudolf Jaenisch)는 후성유전체를 "유전체가 환경과 의사소통할 때 쓰는 언어"라고 표현한다. 주목할 것은 "모든 사람이 세포 내에 동일한 유전체를 가지고 있지만 '엄청나게 많은 서로 다른 후성유전체'를 가지고 있다."는 사실이다.

후성유전학은 큰 소리로 말한다. "스스로를 유전자의 꼭두각시로 생각하지 말라."고. '바이오-숙명론자'들의 주장과 달리 인간의 삶은 유전적으로 결정된 것이 아니라는 선언이다. 우리는 모두 각자의 선택에 따라 타고난 체질과 신진대사, 인성까지도 변화시킬 수 있다. 후성유전학의 핵심내용이다.

> "우리가 하는 거의 모든 행동이 우리의 세포에 영향을 행사한다."

인간은 같은 유전체를 공유하고 있지만 동시에 많은 서

로 다른 후성유전체를 가지고 있다. '서로 다른 후성유전체'가 끝 모를 변화의 주체다. 우리 몸 안에는 부모로부터 물려받은 유전프로그램 외에 후천적으로 영향을 미치는 후성유전물질의 활동 영역이 있다. 지금 이 순간에도 무엇을 보고 어떻게 느끼며, 무엇을 먹고, 어떤 자세로 앉아 무슨 생각을 하는 가에 따라 '서로 다른 후성유전체'는 부지런히 우리 몸을 리셋하고 있다. 우리는 생을 마감하는 순간까지 의식적으로 변화를 주도할 수 있으며, 달라지고 새롭게 빚어질 가능성으로 충만하다. 후성유전학이 전하는 낭보(朗報), 기쁜 소식이다.

98.7% 동일한 유전자를 지니고 있는 인간과 침팬지가 이렇게도 다른 생을 영위할 수 있는 것도 본능을 넘어 이성과 지성과 영성의 혼합체로 진화해 온 인간에게만 있는 '유전자 조절 능력'에 있음이 밝혀졌다. 연구자들은 인간과 동물의 극적인 차이, 인간의 특별함이 뇌의 유전자 조절에 있다고 말한다. 흥미롭게도 침팬지와 인간의 유전자 조절의 차이는 고환에서 가장 컸고, 두뇌에서 가장 작았지만 인간은 뇌 속에 있던 미세한 잠재력을 최대한 이용했고, 침팬지는 이용하지 않았다. 그렇게 침팬지와 인간은 영영 다른 생명체가 되었다.

'나'는 유전자에게 종속된 노예가 아니다. 내가 유전자를 조종할 수 있다. 물론 조종할 의지를 내지 않으면 이미 코딩

된 정보(습관)에 끌려서 사는 을의 신세가 된다. 마음 주인을 넘어 몸 주인이 되기 위한 이성적 학습경로로 후성유전학이 지닌 힘은 강력하다. 내 성격이 어떻게 형성되고, 내 습관이 어떻게 자녀에게 영향을 미치는지 궁금한가? 어떤 생활방식이 수명을 연장시킬 수 있는지, 나아가 흡연이 자신 외에 아직 태어나지 않은 자녀와 손자들에게 끼칠 영향이 어떤 메커니즘으로 작동하는지 알고 싶다면 후성유전학에 주목할 일이다. 변화 가능성으로 충만한 후성유전체는 노화에 대한 패러다임마저 바꾼다. 나를 규정하는 후성유전체가 무엇이며, 그것이 어떻게 나의 일상과 삶의 질을 결정하는지 이해한다면 심신의 자유를 향한 우리의 여정이 훨씬 쉽고 즐거워질 듯하다.

삶의 변화나 의식의 고양은 대개 마음의 문제로 다루어져 왔다. 달리 보고, 달리 해석하고, 달리 생각하면서 체화되는 작은 해방감은 쌓이고 쌓여 어느 순간 삶의 본질을 꿰뚫는 큰 통찰로 치솟아 오르고, 꽉 막혔던 존재의 한계를 훌쩍 뛰어넘는 질적 변화를 일군다. 이런 시원함은 부단히 길들이는 삶에 기어이 불어오는 바람이며, 우리는 모두 그 바람에 눈길을 주며 걷고, 뛰고, 살고 있다. 시시각각의 마음챙김, 마음이 하는 목우(牧牛)다.

궁극의 자유를 꿈꾸는 여행자는 마음 혼자가 아니다. 자유로의 동행을 갈망하는 몸이 있다. 독일의 신경생물학자이자 이 책의 저자인 페터 슈포르크는 우리의 몸짓이 어떻게 몸속에 있는 세포에 새겨지고 각인되는지 다각도로 보여 준다. 마음뿐 아니라 유전자도 새로 길들일 수 있다. '나를 찾는 자유'로의 여정은 새로운 나를 길들이고 익숙해지는 부단한 목우(牧牛)의 과정이기도 하다.

마음마냥 몸도 새로이 길들이면 맥없이 반복되는 일과가 무력감을 벗어버리고 파릇파릇 생기를 더할 것이다. 이 글을 읽고 있는 독자들이야말로 일상의 거친 물살 속에서 강을 거슬러 오르는 연어들처럼 힘 있는 자기 삶의 개척자임에 틀림이 없다. 내 운명을 좌우하는 사람은 유전자를 넘겨 준 부모도 아니고, 태고부터 정체불명·행방불명 상태에 있는 신은 더더욱 아니다. 오직 나만이 내 삶을 결정하고, 나를 새로이 빚어 재창조할 수 있다. 새로이 몸을 길들이는 후성유전체의 주인이 되어 나를 혁명하라.

6 기우귀가 騎牛歸家
소를 타고 집으로 돌아옴

소를 타고 한가로이 집으로 향하니
오랑캐 피리 소리 마디마다
저녁노을을 보내네
한 박자, 한 가락, 그 무한한 뜻을
그대, 음악을 아는 이여,
굳이 무슨 말이 필요하랴

Coming Home on the Ox's Back

Riding on the animal,
he leisurely wends his way home:
Enveloped in the evening mist,
how tunefully the flute vanishes away!
Singing a ditty, beating time,
his heart is filled with a joy indescribable!
That he is now one of those who know, need it be told?

騎牛迤邐欲還家
羌笛聲聲送晚霞
一拍一歌無限意
知音何必鼓唇牙

지난 그림에서는 소를 다시 잃어버릴 수 있다는 위험이 있었지만 이제 이를 극복하고 길들어진 소와 친근한 관계를 유지하게 되었다. 이런 상태를 '소를 탄다.'는 말로 표현하고 있다. 지금의 나와 새로 찾은 참나가 조화롭고 편안한 관계를 맺어 아름답고 여유로운 삶으로 들어갔다는 뜻이다.

이제 방황의 시간을 지나 집으로 향하게 되었다. 이때 집으로 간다는 것은 집에 도착했다는 뜻이 아니다. 이제 시련의 과정을 지나 집을 향해 발걸음을 옮기게 되었다는 이야기다. 조지프 캠벨의 분석에 의하면 수행자는 의심과 유혹의 단계를 지나 관문(threshold)을 넘어 이제 별 어려움 없이 궁극적으로 목적한 바를 향해 나가는 단계다. 화엄 십지(十地)에서 말하는 제8지 부동지(不動地)에 이르렀다는 뜻이기도 하다. 더 이상 뒤로 미끄러질 위험은 없어진 것이다.

이제 소를 찾아 집을 떠났던 여정의 마지막 단계가 열린 셈이다. 나와 하나 된 소를 타고 여유롭게 집으로 향한다. 지금 집으로 향하는 나는 떠날 때의 내가 아니다. 참나를 찾았을 때의 여유로움과 자유를 향유할 수 있는 나다. 이렇게 여유로움과 자유를 누릴 수 있는 이 기쁨이 자연스럽게 피리 소리로 흘러나온다.

이런 기쁨은 말로 표현할 수 없다. 『도덕경』 56장에 "지자불언 언자부지(知者不言 言者不知)"라고 했다. 아는 사람은 말하지 않고 말하는 사람은 알지 못하는 사람이라는 뜻이다. 아직 체험하지 못한 사람은 말할 수 있지만, 정말로 체험하여 아는 사람은 이를 말로 표현할 수 없음을 알기에 말을 하지 못하는 것이다. 이제 참나를 발견하고 참나와 하나 됨을 체험한 사람은 그것을 필설로 표현하기에는 너무 벅차다는 것을 안다. 그야말로 언어도단(言語道斷)이다. 그러나 피리의 속 깊은 뜻을 아는 사람은 그것이 무엇을 의미하는지 안다. 음악이나 미술이나 시나 신화 같은 예술은 일상적인 말로 표현할 수 없는 것을 그나마 가장 가깝게 표현해 보는 최고의 수단이다. 물론 궁극적으로는 오로지 웅변적인 침묵이 있을 뿐이다.

자기 발견의 집

머리 스타인 『융의 영혼의 지도』

"어차피 내려올 건데 왜 오르지?"

힘들게 산에 오르는 사람을 타박하는 이들의 변이다. '왜 오르는가?'는 '왜 사는가?'와 맞닿아 있는 물음이다. 얼핏 무상해 보이는 오름은 산 그 자체를 만나기 위함이요, 산이 주는 예측할 수 없는 선물을 받기 위함이다. 오르면서는 산에 기대어 살아가는 무수한 생명들과 이야기를 나누고, 오를 때마다 달라지는 풍광으로 세상을 마주하는 낯선 시선을 배우며, 내려올 때는 어느 시인의 말처럼 오를 때 보지 못했던 '그 꽃'을 보기 위함이다. 산은 오를 때와 내려올 때 다르게 말을 걸어온다. 올라야 하고, 다시 내려와야 하는 연유다. 삶도 그렇다.

어쩌면 산은 내려오기 위해서 오르고, 여행은 돌아오기

위해서 떠나는 일이다. 결국 모두 제자리로 돌아오지만, 산을 만나거나 여행을 하고 온 '나'는 이미 다른 사람이다. 저기 초록 소를 타고 집으로 돌아오는 이가 있다. 이전에 혼란 속에서 소를 찾겠다고 전전긍긍하고 노심초사하던 모습은 흔적도 없다. 소와 나는 한몸처럼 조화롭고 평안하다.

느긋하게 피리를 불며 돌아오는 이를 친절한 심리학이 정중하게 마중한다. 마음이 하는 일을 연구하는 심리학은 인간의 의식을 이해하고 확장해 나가는 데 든든한 길벗이다. 자아의 분리를 극복하고 이질적인 '나'들의 조화로운 동거를 응원하는 강력한 조력자다. 십우도의 여섯 번째 단계 기우귀가(騎牛歸家)는 욕심 많은 작은 나와 어른스러운 큰 나가 어려움 없이 하나로 통합되는 단계다. 분석심리학을 연 칼 융과 교류분석의 대가 토마스 해리스, 임상 심리와 불교 명상을 접목한 타라 브랙이 여행자의 여독을 풀어 주고자 기다리고 있다.

융은 인생에서 자아(ego)가 자기(Self)로 변화되는 것을 개성화 과정(individuation process)으로 설명한다. 자아인 내가 자기인 소를 타고 하나가 되어 집으로 돌아오는 십우도의 심리학적 표현이라 할 수 있다. '자기(Self)' 개념은 융 심리학의 핵심이론으로 다른 정신분석 연구자들과 구별되는 가장 큰 특징이다. 융의 '자기'는 일상적으로 말하는 자기(self)와는 전혀 다른 의미로 대단히 철학적이고 영적인 개념이다. 자아(ego)가 정신적 외상과 콤플렉스를 안고 있는 제한적인 나라면, 자기(Self)는 '도처에 존재하고(ubiquitous), 자발적이며, 원형 자체에서 나온' 정신의 초월적 중심이자 전일성(wholeness)이다. 즉 정신 영역을 초월해 주체와 객체, 나와 타자가 에너지라는 공통의 장으로 합류해 들어간 원형의 심층 무의식이다. 자기와 연결된 사람은 자아에서 자유로우며, 개인적인 동기보다 깊고 넓은 실재를 추구하게 된다. 융의 자기 경험을 집중적으로 정리한 『아이온(Aion)』은 이렇게 시작한다.

> "자기는 개인적 영역에서 완전히 벗어나 있고, 개인 영역 안에 있다 하더라도 종교적 신화의 기본 주제로만 나타나며, 그 상징들은 최고 형태에서 최저 형태까지 범위가 넓다. (…) 서로 상반된 특성을 보이는 지적인 면뿐만 아니라 감정의 가치도 동시에 실현하는 난제를 성취하려는 사람은 아니마·아니무스의 문제와 씨름해 고차원적 연합, 즉 '대극의 일치(coincidentia oppositorum)'를 성취하기 위한 길을 모색해야 하다. 이것은 전일성을 이루기 위한 필수 불가결의 전제 조건이다."

융의 자기 개념은 “내가 곧 우주”라는 범아일여(梵我一如) 사상을 강조하는 고대 인도 철학 『우파니샤드』에서 영감을 얻은 것으로, 인간은 모두가 자기 안에 신의 형상(God-image), 곧 자기(Self)의 인(印)을 지니고 있다고 보았다. ‘자기’는 중심이며 동시에 여러 부분을 통합한다. 자기는 역동적으로 연합을 지향한다. 이때 개인의 ‘개성화’를 추동하는 역동성은 자아, 에고에 있음을 주목해야 한다.

자아(ego)가 자기(Self)가 되는 개성화 과정은 일생을 걸쳐 이뤄지는 총체적 경험이다. 작은 나에서 큰 나, 몸나에서 얼나, 니체가 말한 낙타 정신에서 어린아이의 비(非)이원적 정신으로 확장해 가는 과정과 다르지 않다.

존재의 질적 변화를 의미하는 개성화 과정은 몸이 자라듯 저절로 일어나지 않는다. 페르소나의 삶에 회의가 오는 시점이 개성화가 시작하는 출발선이 된다. 하여 개성화는 개인이 의식적으로 이루고자 하는 힘든 투쟁에서 얻을 수 있는 산물이며, 상당 기간에 걸쳐 개인이 의식적으로 관여하면서 피어나는 꽃이다.

융은 “인간존재의 유일한 목적은 단순한 존재의 암흑 속에서 한 가닥 등불을 밝히는 것”이라는 말로 개성화 과정의 가치를 강조했다. ‘한 가닥 등불을 밝히는 것’이야말로 궁극의 자기발견이자, 에고가 하는 여행의 최종 목적지다. 자기발견은 자기실현이다. 내면의 불협화음에 종지부를 찍고 잘 조율된 소리가 하나의 교향곡으로 흘러나오는 경지다.

자아가 자기에 다다르는 융의 연구는 의식의 저변에 숨겨진 그림을 찾는 일이며, 의식과 무의식에 다리를 잇는 작업이었다. "바깥세상을 바라보는 사람은 꿈꾸고, 내면을 바라보는 사람은 깨어난다."는 말로 심우(尋牛)의 가치를 일갈한 융은 분석심리학자답게 '나'가 무엇으로 구성되어 있고, 그것이 어떤 문제를 야기하며, 문제를 해결하기 위해서 어떤 과정을 거쳐야 하는지 '영혼의 지도'를 그려 놓았다.

과거에도 인간의 마음을 탐색하고, 마음의 길을 지도로 그린 이들은 여럿 있다. 서양철학사에서는 칸트가 그랬고, 동양사상에서는 불교 유식 사상이 큼직하게 자리하고 있으며, 현대에 와서는 켄 윌버가 동서양의 의식을 통합하는 작업을 시도하고 있다. 칸트와 켄 윌버 사이에 융이 있다. 인류의 지성이 폭발적으로 진화하는 근현대를 살았던 융은 인간 내면의 심상을 다양한 렌즈를 통해 들여다보았다. 융의 관심은 종교와 신화라고 하는 정신의 원류로 시작해 양자물리학이라는 첨단 신과학 분야를 넘나든다. 융 심리학은 넓고 깊다.

무의식을 구체화함으로써 인간이 지닌 정신 능력의 심

연을 파고들었던 융에게 나(I)는 표층의 나인 '자아(ego)'와 심층의 나인 '자기(Self)'의 합이다. 자아(ego)는 의지하고 욕망하고 성찰하며 활동하는 모든 행동의 중심으로 자신을 체험하는 주체다.

"자아는 정신이 스스로를 보고 인식할 수 있게 하는 거울이다."

우리는 자아를 통해 감정을 느끼고, 지각하고, 사상을 갖고, 환상을 본다. 자아는 사물이 아니다. 몸의 이미지일 뿐 몸 자체는 아니며 본질적으로 정신적 요소다. 인간을 다른 생명체와 구별 짓고, 나와 타자를 구분하는 일을 한다. 그리고 자아를 통해 '의식'이 드러난다는 사실을 밝혀낸다. 의식이란 깨어서 나를 중심으로 한 세계의 안과 밖을 관찰하고, 그곳에서 어떤 일이 일어나는지를 인지하는 상태를 뜻한다.

융은 분석심리학을 통해 자아가 어떻게 자기를 발견하는 문이자 집이 되는지를 밝히려고 했다. 모든 자아는 자기가 되고 싶어 한다. 모든 자아는 자기와 하나가 되어 집으로 돌아오고 싶어 한다. 나도 그렇다. 우리 모두는 그렇다. 각자 마음의 소리를 듣고, 융이 그려 놓은 지도를 쫓아 어두운 그림자와 무거운 콤플렉스 같은 내면의 짐을 벗어 버리고 홀가분한 삶을 살아가는 '빅 셀프(Big Self)'가 되기를! "나의 생애는 무의식의 자기실현 역사다."라는 융의 고백이 나의 고백이 될 차례다.

달라질 자유

토머스 해리스 『아임 오케이 유어 오케이』

융이 자아(ego)와 자기(Self)의 합일을 통한 자기실현을 말했다면, 이번에 만날 토머스 해리스는 우리 안에 있는 '세 가지 자아'의 균형을 제시한다. 융의 개성화 과정이 집으로 돌아오는 것이라면, 해리스의 '모두 오케이'는 집 안에서의 안녕에 방점이 찍혀 있다. 나는 지금 "오케이(OK)"라고 말할 수 있는 상태인가? 아니라면 왜일까?

"우리는 많은 말을 나누지만, 서로 아무것도 이해하지 못한다."

교류분석[27]의 대가 심리학자 토머스 해리스는 우리가 일상에서 나누는 말들의 상당 부분이 더 이상 '대화'가 아니라고 말한다. 왜냐하면 무심코 내뱉은 말들은 '성숙한 나'가 아니라 내면의 아픈 자아가 쏟아내는 감정의 토로인 경우가 많기 때문이다.

'나도 좋고-너도 좋은(I'm OK, You're OK)' 상태를 보전할 수 있을 때라야 말은 대화가 된다. 말은 정신의 온도계다. 대부분 말로 성립되는 사람과의 관계는 한마디 따뜻한 말로 생(生)하기도 하고, 차디찬 말로 멸(滅)하기도 한다. 관계의 생-멸 사이에는 기나긴 질곡의 다리가 놓여 있다. 관계에 상처를 내는 자기부정(I'm not OK)과 타인부정(You're not OK)의 아픈 말들로 점철된다.

심리학은 수많은 '나'들을 이해하는 데 유용한 도구를 제공한다. 그 가운데서도 에릭 번(Eric Berne)이 창시한 학술적 교류분석(Transactional Analysis, 인간의 의사소통과 행동방식)을 '평범한 일반인들을 위한 심리학'으로 대중화한 토머스 해리스의 명저 『아임 오케이 유어 오케이(I'm OK, You're OK)』는 세계적인 베스트셀러로 반백 년이 넘도록 애독되고 있다.

에릭 번이 관계의 갈등에 초점을 맞췄다면 토머스 해리

27 1957년 미국의 정신과 의사인 에릭 번에 의해 창안된 상담이론 중 하나로 인간의 교류와 행동에 관한 이론체계이자 임상심리학에 기초를 둔 치료 이론이다. '정신분석학의 안티테제(Anti-these)'로 평가된다. 교류분석 심리학은 부모, 어른, 아이의 자아 상태에서 이루어지는 인격의 구조분석과 기능이론에 근거하지만 관찰 가능한 현실의 수준으로 분석한다. 심리 게임인 교류의 성립, 아동기의 부모자녀 관계를 통해 정해지는 행동유형 등을 주요한 개념으로 한다.

스는 개인의 변화 가능성과 나-너가 모두 '오케이'한 긍정적인 관계 맺기에 힘을 싣고 있다. 어떻게 하면 '자신의 행동을 바꾸고, 자제력과 자발성을 기르며, 선택의 자유라는 엄연한 현실을 발견할 수 있는지' 조곤조곤 다독이듯 말을 건넨다.

필자는 어언 30년 전 유학 중에 우연히 이 책을 접했다. 주일예배를 목숨처럼 여기며 교회에 출석하면서도 신앙이 일상의 지혜로 작용하지 못하는 허약함에 회의를 느낄 무렵, 교류분석심리학은 '다양한 나'를 이해하는 데 큰 힘이 되었다. 어쩌면 온갖 류(類)의 교리와 권위와 강제를 모두 뒤로하고 외따로 '자발적 나'를 찾게 된 여정의 시작점이 이 무렵이지 않을까 싶다.

실제로 관계 맺기 분석은 자기를 이해하고 치료하는 데 탁월한 효과를 발휘한다. "자유로운 사람은 자신이 무엇을 하고 있는지 잘 알고 있는 사람"이라고 한 윌 듀런트(Will Durant)의 말처럼 우리 모두는 '내가 무엇을 하고 있는지' 아는 만큼 자신과 타인에게서 자유롭다. 무엇보다 내가 나를 잘 이해해야 하는 이유가 여기에 있다. 내 감정의 결이 얼마나 거친지, 내 마음의 힘은 얼마나 여리고, 내 생각의 틀은 얼마나 좁은지를 알 수 있다면 나는 '내게 더 부드러운 나'가 될 수 있다. 관계의 건전성은 나를 아는 만큼 온전한 것이기에 그렇다.

나-너를 이해하는 관계 맺기의 핵심은 우리 안에서 매 순간 심리적 실체로 작용하는 세 종류의 자아(인격)를 이해하는 것으로부터 시작한다. 교류분석에서는 누구나 할 거 없이 모두에게 '부모자아, 어른자아, 아이자아'가 있다고 본다. 각각의 자아는 어떤 사람, 시간, 감정 등에 노출될 때 이 셋 가운데 하나의 인격이 겉으로 나타나 현상학적 실체로 현실에 등판한다.

'부모자아'는 생후 5년간 본인의 의지와 무관하게 인식해야 했던 외부 경험에 의해 형성되고, 이 안에는 부모의 행동과 말이 그대로 기록되어 있다. 각종 훈계와 경직된 규율, 엄한 규칙, 그리고 부모의 말과 행동의 불일치에서 오는 일관성 없음 등이 이 시기에 저장된다. 자신과 세상을 수용하는 최초의 준거 틀은 부모로부터 얻는 정보의 질에 전적으로 의존해 있다. 훗날 사회적으로 물의를 빚는 범죄자들의 내면에는 늘 '내가 부정당해 왔던(I'm not OK)' 부모의 폭력과 부조화가 똬리를 틀고 있다고 한다.

부모라는 외적 조건이 부모자아로 저장되는 동안 아이의 내면에는 자신의 느낌과 경험이 기록되는 '아이자아'가 형성된다. 작고 의존적이며 서툰 상태에서 보고, 듣고, 느끼고, 이해했던 내면의 감정이 만들어 낸 어린 인격이다. 권위로 인해 항상 옳은 부모(타인긍정)에 반해 나는 늘 잘못하고, 실수를 반복하다가 부정적 감정인 '자기부정(NOT OK)'상태가 각인되고 이 기록은 뇌에서 영구히 지워지지 않는다. 토마스 해리스는 우리가 어찌할 수 없는 상황에 직면해 자신의 감정을 이기지 못할 때 맹목적인 아이가 드러난다고 말한다. 상실감, 절망감, 거부감, 두려움이 끄집어내는 아이자아다.

한편 아이가 스스로 몸을 움직이기 시작하는 생후 10개월쯤이 되면 부모로부터 '가르침을 받은 개념'이나 그로 인해 '자신이 느끼는 개념' 대신 '자신이 생각하는 삶의 개념'을 발전시키게 된다. 자기 뜻대로 뭔가를 할 수 있다고 자각하는 시기로 '어른자아'가 발아하기 시작한다. 건강하게 자란 어른자아는 부모자아와 아이자아의 부정적이거나 왜곡된 부분을 타당하게 바로잡거나, 부정성을 차단하여 균형을 맞출 수 있다.

의지적인 노력을 기울이면 기울일수록 어른자아는 향상되고 발전될 수 있는 반면, 극심한 스트레스로 어른자아가 손상될 경우 부모-어른-아이자아의 경계선이 불분명해지면서 비현실적이고 비논리적인 '반(反)어른'적 반응으로 나타난다. 트라우마를 앓는 사람에게서 볼 수 있는 위험신호다. 객관적이고 이성적인 어른자아를 형성할 경우, 부모자아에 기인하는 편견과 아이자아가 빠지기 쉬운 망상에서 벗어날 수 있게 해 준다. 건강한 어른자아는 치유자이자 창조자로 기능한다.

저자는 어른자아의 힘을 기르는 방법으로 여섯 가지 방법을 제시한다. 첫째, 자신이 가지고 있는 '아이자아'의 약점과 두려움의 주요 표현방식을 인식한다. 둘째, '부모자아'의 훈계와 명령, 굳어진 태도 등 주요 표현방식을 인식한다. 셋째, 다른 사람의 '아이자아'에 민감해지고, 그것에 말을 걸고, 그것을 다독이고, 보호한다. 넷째, 필요하면 10까지 센다. 다섯째, 의심스러울 때는 그냥 내버려 둔다. 마지막으로 스스로의 행동에 윤리적 틀을 제공할 수 있는 가치 체계를 형성한다. 평범한 일반인이 내면의 부조화를 이겨 내고 튼튼한 일상을 영위할 수 있는 심리학적 수행방도다.

내 안에 사는 세 명의 아이들 — 아이자아, 부모자아, 어른자아 — 이 누구도 소외되거나 억압되지 않고 모두 "아임 오케이!"를 합창할 수 있다면 탄탄한 조화를 이룬 내면은 하루를 잘 살아낸 사람마냥 휘파람을 불며 홀가분하게 집으로 돌아올 것이다.

자기 속의 다중인격을 헤아린다면 인간은 누구나 '어린아이'를 벗어나 성숙한 인간으로 재탄생할 수 있다. 심리학은 균형 잡힌 숭고한 인격을 갖추는 것이 극소수 성인에게만 가능한 일이 아니라는 현실적 희망의 메시지를 전한다.

'달라질 자유'는 우리 손에 쥐어져 있다. 부모자아와 아이자아를 극복하고 건강한 어른자아를 성취하는 것은 소를 타고 집으로 돌아가는 경험이다. 자유를 선택하고, 자유를 내면에 심는 일은 오롯이 나의 몫이다. 새로운 나, 새로운 관계가 주는 지속적인 기쁨은 내면화된 자유가 주는 새콤달콤한 열매다. 자기를 아는 편안한 나는 말을 할 때도 편안한 말을 한다. 편안한 말은 상대를 편안하게 한다. 말이 대화가 되는 속사정이다.

다 괜찮아

타라 브랙『자기 돌봄』

“멈추고, 살펴보고, 보듬고, 껴안아 봐.
나를.
무조건.”

십우도 여정의 절반을 마친 여행자를 맞아 줄 세 번째 심리학자는 타라 브랙(Tara Brach)이다. 임상 심리에 불교 명상을 결합해 미국에서 활발하게 심리치유 프로그램을 운영하고 있다. 첫 책 『받아들임』이 화제가 되면서 국내에도 여러 권이 연달아 번역 출간되어 있다. 그 가운데 나만의 초록 소를 찾는 십우도 여행 중 여섯 번째 단계 기우귀가(騎牛歸家)로 맞춤한 책은 ‘나 자신’이야말로 내가 돌아가야 할 집이라는 사실을 환기시키는 『자기 돌봄』이다. 그렇다, 나의 집은 '나'다. 언제고 돌아갈 수 있는 집. 우리에게는 돌아갈 곳이 있다.

'나는 얼마나 자주 나를 찾고 있나?'

자기 돌봄은 마음으로 짓는 가슴속 집짓기다. 집짓기에는 모든 것이 재료가 된다. 산지사방 흩어지고, 상처받고, 신음하는 마음 하나하나가 다 기둥으로 세워질 벽돌들이다. 안으로 들여 보듬고, 껴안을 때마다 집은 견고해진다. 슬픔이라는 이름으로, 불안이라는 이름으로, 두려움이라는 이름으로 떠도는 마음을 토닥토닥 가슴으로 챙겨 보자(heartfulness). 슬픔은 고요로, 불안은 순수로, 두려움은 평안으로 옷을 갈아입을 것이다. 가슴 깊은 곳에서 '타고난 지혜'로 살고 있는 진짜 나, 주인이 하는 융숭한 손님 맞이다. 그러니 언제고 '내 집'으로 돌아오기만 하면 된다. 잘랄루딘 루미도 나를 찾는 온갖 감정을 손님으로 노래한다. '나'는 여인숙이다.

인간은 여인숙이다.
날마다 새로운 손님이 찾아온다.

기쁨, 우울, 슬픔
그리고 찰나의 깨어있음이

예약 없이 찾아온다.

그 모두를 환영하고 대접하라.
비록 그들이 방을 거칠게 어지럽히고
거칠게 휩쓸어 아무것도 남기지 않더라도

손님 하나하나를 존중하라
그들이 스스로 방을 깨끗이 비우고
새로운 기쁨을 맞이하게 할 것이다

어두운 생각, 부끄러움, 후회
웃으며 맞으라
집 안으로 초대하라

누가 찾아오든 감사하라
모든 손님은 나를 안내하기 위해
먼 곳에서 온 분들이니

— 루미, 「여인숙」

씨름하듯 저항하는 생각을 멈추고 내게 든 감정을 알아차리는(recognize) 것은 대문을 열어 손님을 환영하는 의식이다. 그리고 손님이 어떤 모습이든 "다 괜찮아." 하고 자리에 앉히고(allow) 대접할 차가 우러나는 동안 잠시 숨을 세며 있어 보기로 하자. 그 사이 여러 모양의 거친 생각, 아픈 감정은 모두 숨을 죽인다. 소란은 조용히 잦아들고 손님은 이윽고 사라진다. 자기 돌봄이다. 밖에 있는 나는 안을 지키는 나의 토닥임과 돌봄을 필요로 한다.

나를 돌보는 의식이야말로 신성한 일이다. 자기 돌봄이 예배고 기도다. 윌리엄 제임스는 신(神)을 '인간의 삶을 재구성할 수 있는 힘'으로 해석했다. 신은 더 이상 저 위에 있는 '그것'이 아니라 '당신(Thou)'이며 '나'라는 말이다. 내 안에서 삶을 재편하는 그 힘이 신이다. 신은 한시도 쉬지 않고 내 안에서 사유와 정신으로 능력을 발휘한다. 일상에서 맞닥뜨리는 시시각각의 상황을 해석하고 대응하는 일체의 행위 속에 신은 살아 숨쉰다. 신은 내가 하는 생각의 습관이자 반응하는 모양새다. 하여 손 모아 드리는 기도는 나를 향한 말걸음이어야 한다. 참 기도는 명상이다. 저 어딘가가 아닌 내가 나에게로 다다르는. 소를 타고 집으로 돌아가는 기우귀가(騎牛歸家)다.

"명상은 우리가 살아가는 이 세계와 적극적으로 관계 맺는 것이며, 명상의 결과는 오직 당신 것이다."

돌아오는 일은 한 번으로 끝나지 않는다. 나설 때마다 돌아오고, 또 돌아오고, 언제까지고 다시 돌아와야 한다. 집으로 가는 차, 명상을 타라. 고요히 앉아 호흡으로 지금 여기에 닻을 내리는 순간 우리는 집에 안착하게 된다. 매일 귀가(歸家)하자.

7 망우존인忘牛存人
소는 잊고 사람만 남음

소를 타고 이미 고향집 뒷동산에 도달했네
소 모양이 안 보이고 사람 또한 한가하네
해 오른 지 석 자나 되는데 아직 꿈속에 있고
채찍과 밧줄 헛되이 초당에 걸려 있네

The Ox Forgotten, Leaving the Man Alone

Riding on the animal, he is at last back in his home,
Where lo, the ox is no more,
the man alone sits serenely.
Though the red sun is high up in the sky,
he is still quietly dreaming,
Under a straw—thatched roof are his whip
and rope idly lying.

騎牛已得到家山
牛也空兮人也閑
紅日三竿猶作夢
鞭繩空頓草堂間

이제 완전히 집에 도착했다. 이 단계에서 "소를 잊었다." "소가 안 보인다."고 했다. 소란 별개의 것이 아니라 내 안에 있는 참나가 바로 소가 아닌가?

바로 앞 그림 '소를 타고 집으로 간다(騎牛歸家).'에서는 소를 타고 갈 정도로 소와 친근했지만 아직 소를 별개로 의식하고 있는 상태였다. 하지만 여기 "소를 잊었다."고 하는 것은 소와 내가 완전 불이(不二)의 상태에서 구태여 소를 외부에 존재하는 별개의 개체로 의식할 필요가 없다. 개별적 존재로 인식되던 소는 내 안으로 완전히 사라진 셈이다. 이제 더 이상 '채찍과 밧줄'을 가지고 있을 필요가 없어 초당에 걸어 놓았다. 『장자』에 나오는 '득어망전(得魚忘筌)'이란 말처럼 물고기를 잡았으면

물고기 잡는 틀에 연연할 필요가 없다.

서에 보면 사람이 한가하고, 해가 중천에 있는데, 사람은 아직 "꿈속에 있다."고 했다. 여유롭다. 그렇다고 게으르게 늦잠을 자는 것이 아니라 필시 『장자』 2편에서 "나는 나를 여의었다(吾喪我)."고 선언한 자기(子綦)처럼 어제의 나를 잊고, 꿈꾸는 듯한 새로운 의식 상태에서 다른 차원의 세상에 들어가 있는 것 아닐까?

『장자』에 보면 득도의 7단계가 나온다. 첫째 세상사를 잊고, 둘째 세상사를 잊자 외적 사물을 잊고, 셋째 외적 사물을 잊자 삶을 잊고, 넷째 삶을 잊자 아침 햇살 같은 밝음을 얻고, 다섯째 아침 햇살 같은 밝음을 얻자 '하나'를 볼 수 있게 되고, 여섯째 하나를 보게 되자 과거와 현재가 없어지고, 일곱째 과거와 현재가 없어지자 죽음도 없고 삶도 없는 경지에 들어갔다고 했다. 이 일곱째 그림에서 말하는 '망우존인(忘牛存人)'은 이제 『장자』에서 말하는 '하나'를 본 상태라 볼 수 있을 것이다.

사람의 일

김상봉 『호모 에티쿠스』

사는 일은 행위의 바다에서 헤엄치는 일이다. 영법에 따라 오늘은 고해(苦海)지만 내일은 놀이가 될 수도 있다. 우리의 날들은 그렇게 매일 열려 있다. 십우도 여정은 이일 저일로 부대끼는 생의 쓴맛을 뒤로하고, 자유로운 숨쉬기를 향해 팔을 젓는 색다른 몸짓이다.

'다르게 살고 싶다.' '진짜 내 모습을 찾고 싶다.'고 마음을 낸 심우(尋牛)에서 시작된 여정이 일곱 번째 단계인 망우존인(忘牛存人), 소는 잊고 사람만 남는 자리에 이르렀다. 소를 길들이기 위한 채찍과 밧줄은 소용을 다하고 초당 위로 물러나 있다.

자기 분열을 극복한 거듭난 몸으로 새 삶을 영위할 수 있는 만반의 준비가 된 상태다. 필자는 이 단계를 '서양철학'이라는 렌즈로 십우도를 다른 각도에서 통찰하는 장으로 삼았다. 나만의 초록 소를 찾아 존재의 변화를 이루는 길이 하나일 수 없기 때문이다. 종교뿐 아니라 문학도, 예술도, 과학도 깊이 궁구할 때 자기를 구원하는 저마다의 살길이 된다. 철학도 그렇다. 도대체 '왜 없지 않고 있는지(존재론)', '세상을 어떻게 보고(인식론)', '오늘을 어떻게 살아야 하는지(윤리론)'와 같은 삶의 모든 영역을 통합 사유하는 기틀로 서양철학은 놓칠 수 없는 훌륭한 앵글이다. 제각각인 것처럼 보이는 이 길들은 모두가 서로 맞닿아 있다. 여러 길을 아는 것은 다양한 기쁨이 되고, 여정을 한결 풍요롭게 한다.

기원전 900년부터 기원전 200년 사이, 지구상에는 동시다발적으로 인류 정신사의 기틀이 마련되는 네 가지 위대한 전통이 탄생했다. 인도의 힌두교와 불교, 이스라엘의 유일신교, 중국의 유교와 도교, 그리고 그리스에서 발현된 전혀 다른 차원의 철학적 합리주의다. 스위스 철학자 카를 야스퍼스는 이 시대를 '축의 시대(Axial Age)'라고 이름했고, 영국의 종교학자 카렌 암스트롱은 실제로 "우리는 축의 시대의 통찰을 넘어선 적이 없다."고 단언할 만큼 이 시기는 영적·철학적 천재들의 지혜가 넘쳐 났던 시대다. 붓다와 공자, 예레미야, 소크라테스와 같은 이들은 '완전히 새로운 종류의 인간 경험'을 선보인 사람들이었다. 지성과 영성이 측량할 수 없는 심연에 닿는 전혀 새로운 체험, 이제는 내가 그 주인공이 되어 보는 거다.

소는 잊고 오롯이 나만 남아 있는 십우도의 망우존인은 대지에 충실하고자 정성을 다하는 호모 에티쿠스, 윤리적 인간의 모습으로 남게 된다. 통합된 존재로 거듭난 사람 앞에 놓인 엄연한 과제는 오직 오늘을 '사는 일'이다.

"어떻게 살아야 하나, 무엇이 잘 사는 것인가?"

이러한 질문은, 사람만이 할 수 있는 윤리적 사유의 결과다. 깊은 성찰과 통찰로 자신의 신비를 발견한 사람 앞에는 현실의 삶이 마치 꿈꾸는 것과 같은 다른 경지로 다가온다. 차곡차곡 나만의 삶을 실험하고, 마디마디 자신의 철학을 세워온 사람에게 주어지는 홀가분함이다.

> "인간이란 참으로 신비한 존재입니다. 그는 무한한 존재의 역사에 비추어 보면 순간을 사는 존재에 지나지 않지만, 그 순간 속에서 영원에 대해 묻고 생각할 수 있는 존재인 것입니다. 그리하여 인간의 삶의 평화와 행복은 육체적 감각이 주는 고통으로부터 벗어나고 일상의 삶에서 우리가 마음의 평정을 유지한다 해서 다 이루어지는 것이 아닙니다. 우리의 삶이 영원의 지평에서 흔들림 없

이 확고한 입각점을 찾지 못할 때, 우리의 삶은 안으로부터 동요합니다. 그것은 소멸할 수밖에 없는 인간이 무한하고 영원한 존재 앞에서 느끼는 형이상학적 불안인 것입니다."

'무언가 부족하고 제대로 되어 있지 않다.'는 느낌, 이 밑도 끝도 없는 불안과 결핍은 신(神)을 낳고 천국을 상상해 위안을 얻고자 했던 인간의 조건이자 실존적 한계다. 하이데거의 말처럼 인간은 자신의 의지나 선택과 상관없이 세계에 내던져진 채로 어떻게 살아야 하는지 끝내 마음을 써야 하고, 시시각각 자신의 존재 가능성을 증명해야 하는 운명을 지고 있다.

하지만 '순간을 사는 존재에 지나지 않지만, 영원에 대해 묻고 생각할 수 있는 존재'로 안게 되는 형이상학적 불안은 자신을 직시하게 하는 탁월한 감정으로 승화될 수 있다. 존재의 불안을 보는 자, 내면의 결핍을 듣는 자, 에고를 아는 자로의 탈바꿈이다. 이럴 때 '불안'은 존재의 한계를 넘어서서 '완전히 새로운 종류의 인간 경험'으로 이어지는 지복(至福)의 통로가 된다.

우리 각자는 어느 길목에선가 이 불안을 시작으로 이윽고 자신의 삶을 통째로 끌어안고 긍정할 수 있는 임계점을 향해 갈 수 있다. 그 중간에 있는 것이 윤리적 물음이다. '바른 삶,

선한 삶'이 무엇인가? 각자가 답을 내야 한다. 그 답을 통해서만 실존의 한계를 넘어설 수 있기 때문이다. 고민한 만큼 알게 되고, 정신을 벼린 만큼 자유로울 수 있게 되는 인간의 조건이다.

'윤리적 인간의 탄생'이라는 부제를 달고 있는 『호모 에티쿠스』는 "음미되지 않은 삶은 살 가치가 없다."고 했던 소크라테스부터 서양 윤리학을 완성시킨 칸트에 이르기까지 시대별로 관점을 달리하는 윤리적 성찰을 한 줄로 꿰고 있다. 나다운 삶을 고민하는 사람에게 『호모 에티쿠스』는 내가 서 있는 지점이 어디쯤인지 좌표를 살피게 한다. 앞서 치열하게 고민한 이들의 흔적은 유용한 이정표다. 헤아려 보자. 내 불안은 어디쯤 서성이고 있으며, 생각은 어딜 향해 가고 있는지.

무엇이 좋고, 옳은 것이며, 우리는 왜 그렇게 살아야 하는지를 최초로 물은 윤리학의 아버지 소크라테스는 무엇보다 '자기인식'을 가장 중요한 지혜로 꼽았다. 내가 누구인지를 바로 알아야 무엇이 좋고 옳은 것인지 알 수 있기 때문이다. "너 자신을 알라."고 한 소크라테스에게 '너'의 본체는 육체가 아닌 영혼이자 정신을 의미한다.

고대 그리스에서 시작된 서양 윤리학의 초석은 육체가 아닌 영혼 위에 세워졌다. 욕망 능력(아랫배)과 고상한 열정(머리)과 격정 능력(가슴)으로 영혼을 세분한 플라톤 역시 자기가 맡은 일을 탁월하게 수행하는 상태를 아레테(arete)로 보고 이런 영혼의 탁월함을 '가장 좋은 것'으로 규정하고 있다. 하늘에 가치를 둔 플라톤과 달리 땅에 의미를 둔 아리스토텔레스는 현실 철학자답게 중용을 추구하는 '실천적 지혜(프로네시스, phronesis)'로 도덕적 판단력을 길어 내라고 주문한다.

민주(民主)의 기치를 올린 그리스 도시국가 시대가 저물고, 로마제국이라고 하는 거대국가 안에서 개인은 무기력한 존재일 뿐, 더 이상 '긍지 높은 자유인'일 수 없었다. 바통을 이어받은 스토아 철학은 체제에 걸맞게 개별자가 아닌 전체 공동체의 관점을 대변하는 세계관을 정립하고 결정론에서 행복을 찾았다. 예속된 상태에서 운신의 폭이 좁은 현실을 적극적으로 수용하고 긍정하는 운명론이다.

> "너에게 닥치는 모든 일에 대해 그렇게 말하라. 너는 그것이 어떤 다른 것에 장애가 될 뿐, 결코 너 자신에게 장애가 되지는 않는다는 것을 발견하게 되리라."

불구가 된 노예철학자 에픽테토스(Epictetos)[28]가 추구한 것은 외부상황에 동요하지 않는 정신의 의연함이다. 스토아 철학의 이상은 모든 정념에서 해방된 상태인 아파테이아(apatheia)

일 수밖에 없었다.

한편 '한 발짝 물러서 살 것'을 주창한 은둔자와 예술가의 철학 에피쿠로스는 참된 쾌락에서 가장 좋은 것을 추구했다. "이성적이고 고상하고 정의롭게 살지 않으면 쾌락이 있을 수 없다. 그리고 반대로 쾌락 속에서 살지 않으면 이성적이고 고상하고 정의로운 삶을 살 수 없다."고 말한 에피쿠로스는 추구해야 할 쾌락과 피해야 할 쾌락을 구분하고, 보다 더 순수하고 지속적인 쾌락으로 마음에 불안이 없고 몸에 고통이 없는 영혼의 절대적 평온함, 아타락시아(ataraxia)에서 답을 찾는다. 명료한 사고로 절대 쾌락을 추구한 에피쿠로스는 종교의 존립기반을 허물어 버릴 만큼 일체의 정신적 예속을 부정한다.

탁월함의 윤리를 추구했던 고대 그리스의 종말은 절대자에 귀의함으로 참된 행복을 얻고자 했던 아우구스티누스에 의해 견인되고, 사랑의 윤리를 표방한 그리스도교 세계로 뒤바뀐다. 신에서 시작해 신으로 끝나는 중세 암흑기를 거쳐 인간 이성이 부활하는 과학혁명의 시대, 스피노자가 등장하면서 결

---

28 논리보다 실천을 중시한 에픽테토스는 후기 스토아 철학을 대표하는 사상가다. 수용(受容), '받아들임의 철학'을 구축해, 다리를 저는 노예 신분임에도 당대 로마 황제에게까지 영향을 미쳤다. 자연을 인식하고 그것에 의지를 일치시키는 수련(修練)을 철학으로 이해한 에픽테토스는 평생 '자유와 노예'를 철학적 화두로 삼았다. 그에게 '자유'란 인간이라면 누구나 누릴 수 있는 '정신의 자유'이며, '노예'란 그 반대되는 일체의 '정신적 부자유' 상태를 의미한다. 에픽테토스의 자유와 노예는 사회적 지위와 무관하게 각자가 견지하는 정신의 지위이자 태도다. '지혜로운 자' 만이 진정으로 자유로울 수 있으며, 그것이 실현된 상태가 곧 아파테이아(apatheia)다.

정론적 기계적 세계관이 맹위를 떨치던 근대 초기의 윤리학에 이성적인 삶과 자유를 실현하고자 하는 인간의 '의지'가 배양된다.

18세기에 이르러서야 도덕은 신의 일이 아니라 인간의 일이 되었다. 오롯이 '사람의 일'이 된 바름과 옳음의 성찰은 '서양 정신의 가장 깊은 심연'인 칸트에 이르러 완성되었다. 이런 의미에서 김상봉은 칸트 이전의 윤리학은 한 번도 순수한 의미의 윤리학이었던 적이 없다고 단언한다. 존재의 탁월함이나 완전성, 행복 또는 쾌락, 고통 따위의 개념에 사로잡힌 까닭에 도덕적 현상을 그 자체로 고찰하지 못했다는 예리한 비판이다. 인간의 문제를 인간의 눈으로 보고, 인간의 마음으로 풀기 시작했다는 의미다. "이럴 때 나라면?"이라고 묻는 단순한 물음을 하는 데 2,000년이 걸렸다.

칸트는 행복을 위한 수단으로 전락한 도덕이나 선이 그 자체로 도덕성의 토대를 허물어뜨리고 도덕성의 숭고함을 무화(無化)시킨다고 강도 높게 비판했다. 실천이성비판으로 대변되는 칸트의 윤리학은 도대체 도덕이 무엇인가를 묻는 원점으로 돌아간다. 도덕은 행복에 의존하는 것일 수 없다. 칸트에게 있어서 '선'은 오직 '선한 의지'뿐이다.

"이 세계 안에서 아니 더 넓게 이 세계 밖에서라도, 우리가 제한 없이 선하다고 볼 수 있는 것은 오직 '선한 의지' 이외에는 아무것도 없다."

결과에 무관하게 고유한 가치를 갖는 선한 의지의 윤리학은 '의무의 윤리학'으로 귀결된다. 내면에서 차오르는 양심의 요구와 그 의무명령에 따르려는 실천 의지만이 항상하게 옳고 선한 것이다. 자기가 세운 법칙에 자기 자신이 복종하는 것이야말로 도덕적 인간의 자율이다. 정언(定言)명령이다.

"나의 준칙이 언제나 동시에 하나의 보편적 법칙이 되도록 행위하지 않으면 안 된다."

칸트의 도덕인 선한 의지는 한 인간이 자기 삶을 스스로 입법하고 그 안에서 해방을 누릴 수 있는 근원적 자유의 표현이다. 나를 자유로울 수 있게 하는 선의 기준, 항상 옳은 삶의 준칙은 무엇인가? 나는 그것을 가졌는가? 초록 소를 찾는 일은 '이것'을 갖는 것이기도 하다. 사람의 일이다.

"참으로 선하게 살기 위해 우리는 추수에 대한 희망 없이 선의 씨앗을 뿌리는 법을, 희망 없이 인간을 사랑하는 법을 그리고 보상에 대한 기대 없이 세계에 대한 우리의 의무를 다하는 법을 배우지 않으면 안 됩니다. 그리고 마지막으로 우리는 그런 비극적 세계관 속에서도 언제나 기뻐하는 법을 배우지 않으면 안 됩니다."

너무 아름다워 가슴이 아리는 삶의 예찬이다. 인간은 이렇게 도전해 오는 삶에 당당히 응하고, 우뚝 설 수 있다. 10년을 두고 읽어도 줄지 않는 감동과 일깨움을 주는 데에는 각각의 철학 사조가 담지하고 있는 정신의 깊이도 있지만 전체를 관망하며 통찰하는 저자 자신의 치열한 사유가 곳곳에 녹아 있기에 가능하다.

『호모 에티쿠스』의 저자는 순수한 의미의 도덕적 현상이란 무엇인가를 묻고, 그것은 우리의 마음속에 발생하는 '도덕적 당위와 강제의식'이라고 답한다. 칸트 전공자답게 올곧게 견지된 그의 선한 의지가 읽는 이의 일상을 격려한다. 나의 준칙은 무엇인가? 내 정신의 토대는 무엇인가? 윤리는 삶의 입각점이다. 삶에 기준이 설 때, 비로소 걸림 없이 삶에 집중할 수 있다.

반성의 즐거움

김상환『왜 칸트인가』

플라톤, 아리스토텔레스, 데카르트, 헤겔, 니체, 마르크스 등 기라성 같은 철학자들이 즐비한 서양철학사에서 유일하게 한 명을 꼽으라면 '칸트'라고 답하는 사람이 많다. 왜일까? 신 아니면 인간의 이성을 과신하던 이전의 애꾸눈 철학과 양자택일을 강요하는 이분법적 사고를 넘어선 역설적인 시선과 촘촘한 사유 방법을 제시했기 때문이다. 칸트는 과감한 초월론적(transcendental) 인식으로 기존의 서양철학을 통합시키고, 경직된 철학 체계를 뚫고 나와 감히 자유를 논할 수 있는 '해방 철학'의 가능성을 열어 놓았다. 자기 안에서 질서를 발견하고자 하는 사람들에게 칸트는 그냥 지나칠 수 없는 사상가다. 이성 만능주의라는 '독단의 잠'에서 깨어나 반조(反照)와 반성(反省)의 달인이 된 칸트에게서 십우도 여정에 유용한 팁을 챙긴다.

망우존인(忘牛存人), 이제 안팎의 소는 사라지고 '꿈꾸는 사람'만 남았다. 팍팍한 일상의 짐을 덜어 낸 경지에서 노니는 자유로운 존재다. 인간을 자유롭게 하는 열쇠는 인간 안에 놓여 있다. 저기 어딘가가 아니라 자기 안으로 돌아와 찾아야(反求諸己) 찾아진다. 칸트가 들어간 곳이다. 자기 속의 심연(深淵).

이성의 작용을 의심하기 시작하면서 칸트는 수행자가 묵언 수행을 하듯이 11년간 글 한 줄 쓰지 않은 채로 '생각을 생각하며' 보냈다. 그러던 어느 날 화두를 타파하듯 열린 깨달음을 폭포수처럼 쏟아 냈다. 5개월간 실타래 뽑듯 써 내려간 『순수이성비판』이다. 800쪽에 달하는 엄청난 분량으로 일단락된 첫 일성은 칸트의 오도송(悟道頌)인 셈이다. 1781년 칸트가 51세가 되던 해의 일이다. 봇물 터지듯 시작된 칸트의 집필은 이후로도 십여 년간 세밀하게 이어졌다. 순수이성에 대한 탐닉은 실천적 행위자에게 요청되는 도덕법칙을 새로 세운 『실천이성비판』으로 무르익고, 예술철학을 파헤친 『판단력비판』으로 완성되었다.

생각의 본원적 구조와 힘을 역설하는 칸트철학은 19세기에 갇힐 수 없다. 어느 시대건 각 시대가 안고 있는 갈등을 정면으로 마주하고, 각자가 개인의 문제로 반성하도록 인식과 행위의 방법론을 제시하고 있기 때문이다. 인간이 지향하는 궁극의 목표는 자유(自由)다. 일체 외부에 의존하지 않고 '스스로 말미암는' 존재의 자유, 정신의 자유, 행위의 자유를 구현하는 것. 그리스도교가 진리를 통한 자유를 이야기하고, 붓다가 고통의 통찰로부터 무아와 공(空)이라는 니르바나(涅槃)를 선언했듯이 칸트는 순수이성과 실천이성을 음양처럼 짝지어 관념과 실천을 통합했다. 이성의 한계와 가능성을 동시에 규명함으로 이 가능성 안에서 인간이 자신의 의지에 의해서 도달하고 누릴 수 있는 자유를 선언한 것이다.

칸트의 비판철학에서 비판은 잘잘못을 따지는 것이 아니라 정초(定礎)를 의미한다. 순수이성과 실천이성, 판단력이라고 이름한 보편타당성을 주장할 수 있는 토대를 세우기 위한 성찰이다. 이를 위해 칸트가 견지한 세 가지 물음이 있다. 첫째, "나는 무엇을 알 수 있는가?" 앎의 능력을 궁구하는 순수이성에게 묻는 질문이다. 둘째, 안 것을 욕망하는 능력으로 "나는 무엇을 해야 하는가?" 실천이성이 등장하는 순서다. 마지막으로 향유적 관심을 나타내는 감정의 능력으로 "나는 무엇을 희망해야 하는가?" 이성과 지성의 확장으로 이어지는 '아름다움'을 인식하는 능력에 대한 반성이다.

그가 일궈 낸 3대 비판철학은 2,000년 서양 정신사를 완전히 뒤집어 놓은 코페르니쿠스적 전회로 비유된다. 인식론은 대상(물자체) 중심을 주체(인간의 이성) 중심으로 바꿔 놓았고, 윤리학은 이상적인 인간과 삶을 표방했던 기존의 덕(善) 중심 사유에서 스스로 자유할 수 있는 자율의무(法) 중심으로, 미학은 '반성적 판단'이라는 개념으로 우연한 사실에서 원리(言)를 길어내는 발상의 전환을 제시한다. 칸트의 비판철학은 냉철한 인식과 철저한 실천의무를 지나 언어도단의 지경인 '아름다움'에까지 닿아 있다.

"우리는 아름다운 것을 음미하면서 머무른다. 왜냐하면 이 음미는 자기 자신을 강화하고 재생산하기 때문이다."

왜 붉은 석양에서 눈을 뗄 수 없고 조르조 모란디(Giorgio Morandi)와 마크 로스코(Mark Rothko)의 그림 앞에서 뜻 모를 눈물을 흘리게 되는지를 이렇게 감동적인 한 문장으로 설명한다. 아름다움의 체험이 자기 자신을 강화하고 재생산하기 때문이라고. "칸트 이전의 모든 철학은 칸트라는 큰 호수로 들어오고, 칸트 이후의 모든 철학은 칸트에서 시작된 물줄기다." 서양철학사에서 칸트가 차지하는 거대한 위상과 여전한 영향력을 웅변하는 호수의 비유에 고개를 끄덕이지 않을 수 없다.

칸트에게 '마음'은 단순히 사물을 비추는 거울이 아니라 표상(表象)을 생성하는 일종의 정보처리장치다. 마음의 인식능력을 감정, 상상, 지성, 이성으로 나누고, 각각의 기능이 어떻게 협연하고 조화를 이루어 내는지 작동원리를 분석했다. 인간의 마음에는 이 네 가지 기틀이 선험적으로 장착되어 누구에게나 보편적으로 작동하고 있다는 말이다.

그럼에도 불구하고 인간 이성이 인과법칙으로 움직이는 자연과 다른 것은, 개별 경험에 각자의 자유의지(freier Wille)가 더해지는 자발성에 있다. 긴 시간 어떻게 생각하고, 어떻게 행동해야 하는지를 화두처럼 붙들었던 칸트는 이성을 바라보는 순수이성의 작용을 초월적으로 증명하고, 황금률에 견줄 만한 정언명령(定言命令)이라는 단호한 도덕법칙의 푯대를 세웠다. 정언은 어떤 목적을 달성하기 위해 수단으로 내려지는 조건부 명령인 가언(假言)의 반대개념으로 결과와 무관하게 항상한 도덕명령이다.

칸트의 자유는 외부조건에 기대어 있지 않다. 오직 스스로 세운 도덕법칙만을 존재근거로 삼는다. "자기가 세운 법칙에 자기 자신이 복종하는 것, 도덕적 인간의 자율(Autonomie)"[29]이

29 김상봉, 『호모 에티쿠스』(한길사, 1999).

다. 아무리 강조해도 넘침이 없는 가치다. 이성을 지닌 인간이 마땅히 실천해야 할 자유 선언이다. '나에게는 보편타당한 행위의 준칙이 있는가? 언제, 어디서나 당당할 수 있는 내 행위의 준거는 무엇인가?' 칸트가 우리 각자에게 던지는 질문이다.

팔십 평생 고향인 쾨니히스베르크에 머물면서 독신으로 시계처럼 정확한 일과를 반복하며 살았던 칸트의 일상에 무료함은 들어설 틈이 없었다.

> "사고를 위한 이마는 침착한 유쾌함과 기쁨의 자리였다. 말에는 풍부한 사상이 넘쳐흘렀고 농담과 재치가 장기였다. 알 만한 가치가 없는 것에 대해서는 무관심했다. 어떠한 음모나 편견 그리고 명성에 대한 욕망도, 진리를 빛나게 하는 것에서 그가 조금이라도 벗어나도록 유혹하지 못했다. (…) 그는 다른 사람들로 하여금 스스로 생각하도록 부드럽게 강요했다. 내가 최고의 감사와 존경을 다해 부르는 그의 이름은, 임마누엘 칸트이다."

제자였던 헤르더의 고백이다.

지칠 줄 몰랐던 칸트의 '반성'은 "그래, 바로 이거야!" 하고 무릎을 치는 즐거움의 원천이었다. 사유에서 솟는 즐거움이야말로 무엇과도 바꿀 수 없는 기쁨이자, 누구도 앗아갈 수 없는 환희다. 그러니 "감히 알려고 하라. 너 자신의 이성을 사용하라." 칸트의 당부다.

끝내 사랑하는 법

프리드리히 니체 『차라투스트라는 이렇게 말했다』

"신은 죽었다."

니체는 신을 죽이는 대신 인간을 살려냈다. 객체화됐던 소는 없어지고 참나만 남은 망우존인의 경지다. 대담하게 신의 죽음을 선언하고 대지의 주인이 되어야 할 새로운 인간상을 제시한 근대철학자 프리드리히 니체(Friedrich W. Nietzsche). 21세기를 사는 현대인들에게 여전히 영감의 원천이 되고, 이제는 하나의 예술작품이 된 니체 철학은 차라리 복음이라 불러야 마땅할 듯하다.

최초 저술인 『비극의 탄생』에서부터 말년의 자서전 『이 사람을 보라』에 이르기까지 거침없이 관습을 전복시키고 절대

긍정의 에너지를 발산하는 '니체의 말'은 자신의 소원대로 단지 읽히는 것이 아니라 암기의 대상이 되었다. 그 가운데 가장 니체스럽고, 니체다운 책 『차라투스트라는 이렇게 말했다』를 펼친다. 책장을 여는 순간 자기를 극복한 인간의 자긍심이 기세등등하다.

> "내 작품 중에서 『차라투스트라는 이렇게 말했다』는 독보적이다. 이 책으로 나는 인류가 지금까지 받은 그 어떤 선물보다 가장 큰 선물을 주었다. 수천 년간 퍼져 나갈 목소리를 지닌 이 책은 존재하는 최고의 책이며, 진정 높은 공기의 책이다."

이 책은 무지하고 탐욕에 찌든 사람을 위한 것이 아니라 '자기를 극복하려는 자들'이 지향해야 할, 저 높고 신선한 공기 속에 있는 책이라는 게 필자의 진단이다. 철학을 통해 자신을 치유하고 구원한 사람, 니체를 만나는 일은 나 역시 스스로 치유자가 되고 구원자가 될 수 있다는 희망을 보는 사건이다. 그대가 어떤 상황에 놓여 있든지, 지금의 나를 넘어서고자 하는 그대의 정신은 반드시 이 책을 보다가 어디에선가 감(感)해 눈길을 멈추게 되고, 응(應)해 속사람의 탄성을 듣게 될 것이다.

니체는 서양문명에 이분법적 대립과 투쟁의 역사를 이식한 고대 페르시아 인물 조로아스터를 주인공 삼는다. 이분법적 사고의 씨앗을 심은 '원흉'을 들어 그것을 해체시키는 대담한 반전 구조다. 흡사 예수의 입을 빌려 기독교를 전복시키려는 것과 같다. 작심한 듯 높이 치켜든 니체의 망치는 시작부터 서슬이 퍼렇다. 선악이라는 거짓 도덕을 망치로 깨부수고, 겸손이니 순종이니 하는 그럴싸한 말로 노예 정신을 강제하는 기독교를 가차 없이 폐기 처분한다. 그리고 신 없는 세상에서의 인간의 존재 이유와 존재 방식을 재편한다. 차라투스트라는 자신이 세운 이분법적인 사고와 도덕법칙의 오류를 인식하고 자기 자신을 극복해 낸 새로운 인간상이다. 극적인 의식의 변화를 의미하는 메타노이아, 회개의 상징적 인물이자 극복한 사람(overman), 위버멘쉬(Übermensch)의 전형이다.

신을 필요로 하지 않고 자기 자신을 극복해가는 니체의 이상적 인간상, 위버멘쉬로의 여정을 담고 있는 『차라투스트라는 이렇게 말했다』는 총 4부로 이루어져 있고 각각은 20여 개의 차라투스트라가 전하는 짧은 설교들로 빼곡하다. 니체 철학의 핵심인 '힘에의 의지'와 '3가지 정신의 변화', '영원회귀' 사상이 고스란히 여기 있다. 디오니소스적 긍정의 화신인 위버멘쉬는 신의 죽음과 함께 대지의 가치를 드높이며 초반부터 힘 있게 등장한다.

"신은 죽었다. 보라, 나는 그대들에게 위버멘쉬를 가르치려 한다. 인간은 극복되어야 할 무엇이다. 그대들은 자신을 극복하기 위해 무엇을 했는가? 위버멘쉬는 대지(大地)를 의미한다. 형제들이여, 간곡히 바라노니 대지에 충실하라! 하늘나라에 대한 희망을 말하는 자들을 믿지 마라! 그들은 스스로 알든 모르든 독을 타서 퍼뜨리는 자들이다."

이 땅에서의 삶은 온전한 게 아니라며 대지의 삶을 부정하고 나약한 인간의 대리 만족용으로 만들어진 신은 처음부터 허상이었다. 삶의 의미를 자기 자신에게서 찾을 수 있는 용기 있는 인간에게 신은 우스꽝스러운 허수아비일 뿐이다. 대지의 삶을 긍정하는 이에게는 '별다른 세계'가 소용이 없다. 인간으로 하여금 주인으로 사는 길을 방해하고, 삶에 대한 자발적 의지를 떨어뜨리는 신은 퇴장해야 한다. 하여 신은 죽었다. 신의 존재의미, 가치의 상실이다.

있는 그대로의 삶을 인정하고 삶의 불완전성을 웃음으로 긍정할 수 있는 이에게 신의 빈자리는 더 잘 살려는 의지와 놀이가 차지한다. 니체에게 대지에서의 삶은 '더 강해지고, 더 많은 힘을 얻고, 주인이 되고자 하는' 힘에의 의지가 부딪히는 끝없는 사랑의 투쟁이다. 끌어안을 수밖에 없는 자신의 운명과 투쟁하고, 다른 사람의 힘에의 의지와 부딪히는 과정에서만 '나'를 갱신할 수 있는 것이 삶이기 때문이다.

투쟁은 다툼이 아닌 연마다. 보는 법과 생각하는 법, 말하고 쓰는 일체의 행위를 다시 배우는 자기 극복의 과정이다. 고통 속에서, 위험한 삶의 지평 속에서, 그리고 못난 자기 자신 속에서. 생(生)이라는 과정에서 자기를 극복한 인간이야말로 '고귀한 인간', '아름다운 인간'이 된다. 아름다움은 타고나는 것이 아니라 '획득되는 것'이다. 아름다운 사람은 자기를 극복하고, 스스로 존재의 방향을 정하고, 가치를 부여할 수 있는 위버멘쉬다. 승화된 고귀한 사람. 우리 속에 잠자고 있는 그 어린아이, 현인(賢人)이다.

절대적 승리나 절대적 패배가 있을 수 없는 인생이라는 하나의 과정에서 중요한 것은 결과가 아니라 계속되는 존재 방식이 될 수밖에 없다. 낙타처럼 무거운 짐을 지고 수동적으로 살아가는 노예 같은 생을 살 것인지, 내면의 힘을 키워 "아니요!"라고 말할 수 있는 사자처럼 살 것인지, 모든 물음에서 해소된 상태를 일궈 내 '아이처럼' 신나게 살 것인지를 자기가 결정하는 삶. 니체가 말하는 인간 정신의 3단계다. 이런 변화는 자유를 짓누르는 온갖 두려움, 걱정, 불안, 원한과 같이 우리를 아래로 끌어내리는 무거운 위력을 거슬러야 비로소 가능해진다.

이런 변화와 해소의 가능성은 삶을 대하는 태도에 있다. 세 가지 태도가 있다. 첫째는 '하면 된다.'는 극단적 자유의지의 철학으로 실패한 사람을 품을 수 없는 단죄의 철학이며, 둘째는 모든 것을 숙명으로 치부하는 패배주의다. 셋째는 운명을 적극적으로 긍정하고 사랑하는 태도다. 역경을 성장의 기회로 보아 험난한 생조차 감사할 수 있는 자세다. 니체 철학의 결론이라고 할 수 있는 아모르 파티(amor fati), 운명애가 터져 나올 수 있는 자리는 마지막에 있다.

> "우리는 그것을 견디는 것을 넘어서 사랑해야 한다. '운명애'(amor fati), 이것이 나의 가장 깊은 내면의 본성이다. 우리는 그런 위험한 자기 지배의 단련 속에서 다른 사람이 되는 것이다."

거칠게 이야기한다면 모든 질문에 대한 니체의 대답은 붉은 생명력이 치솟는 '힘에의 의지'로 모아진다. 니체의 '힘'은 철저히 내적 힘이다. 자기가 자신을 배양하고, 고양하고, 강화시킬 수 있는 힘, 그 힘을 '아이'가 될 때까지 추동할 수 있는 견고한 의지만이 인간을 인간답게, 아름답게, 끝내 고귀하게 승화시킨다. 자기가 자기를 지배해 자기를 자유케 하는 것이 디오니소스적 힘에의 의지다.

자신과 갈등하게 하고, 자신을 학대하며, 죄책감으로 목을 조이는 종교는 자기소멸이자 자기소외로 가는 급행열차다. 하여 이 여정에 신이 설 자리는 없다. 신이 필요하지 않기에, 신은 죽어야 하며, 요청되지 않는 신은 이미 죽은 것이나 다름이 없다. 없는 신에 붙들려 사는 망령된 인생을 당장 그만두고 지금 여기 내가 발을 딛고 서 있는 이 대지에서 자기의 삶을 온몸으로 끌어안아야 한다. 그 어디에도 길들지 말고, 힘을 길러 내면서. "자기를 극복하고, 그대 자신이 되라."

> "정신의 행복이란 자신이 겪는 고통을 통해 자신의 앎을 증대시키면서 스스로 생명 속으로 파고드는 것이다. 나는 사랑한다. 상처를 입어도 그 영혼의 깊이를 잃지 않는 자를."

8 인우구망人牛俱忘
사람도 소도 다 잊음

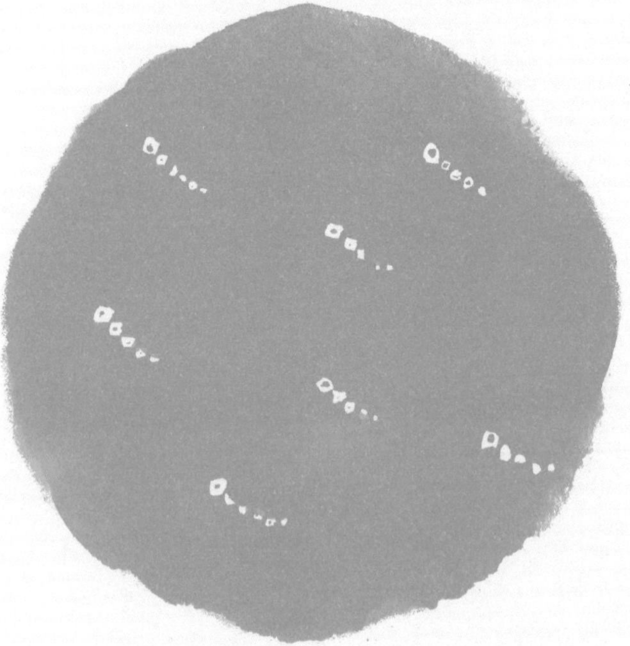

채찍도 밧줄도 사람도 소도 다 헛것이 되었다
파란 하늘만이 멀고 광활하니
소식 전하기 어려워라
붉게 탄 화로 불 위에
어찌 눈이 남아날 수 있는가
이제야 바야흐로 조사님의 마음이 될 수가 있네

The Ox and the Man Both Goes out of Sight

All is empty—the whip, the rope, the man, and the ox:
Who can ever survey the vastness of heaven?
Over the furnace burning ablaze,
not a flake of snow can fall:
When this state of things obtains,
manifest is the spirit of the ancient master.

鞭索人牛盡屬空
碧天遼濶信難通
紅爐焰上爭容雪
到此方能合祖宗

여기 제8화는 제7화의 연장이라 볼 수 있다. 제7화에서는 소를 객체화한 개별 존재로 인식하지 않는 단계에 도달하여 소가 나라는 불이(不二)의 경지에 이르긴 했지만 아직도 꿈꾸는 나, 새로운 의식 상태에 잠긴 나라고 하는 자의식의 흔적이 남아 있었던 셈이다. 그러나 제8화에서는 "채찍도 밧줄도 사람도 소도 다 헛것이 되었다."고 해서 세상을 공(空)으로 파악하는 상태다.

이렇게 세상을 '공'으로 이해하면 이전의 분별심을 비롯해 알고 있던 세상의 모든 것은 이글이글 타는 화로 위에 내리는 눈송이처럼 녹아 없어져 버린다. 이런 불이, 공의 경지에서는 물론 나 자신마저도 독립적인 개별 존재로 의식하지 않게 된다. 나뿐 아니라 '채찍도 밧줄도 소도 사람도' 그리고 이 현상 세계의 모든 것이 본질적으로 다 자성(自性) 없이 '공(空)'하다는 사실을 확인하는 것이다. 이 단계에 이르니 비로소 공(空)을 설파한 용수(龍樹, Nāgārjuna)를 비롯하여 위대한 옛 조사들의 종지와 계합할 수 있게 된 것이다.

1인칭 과학

김성구 『아인슈타인의 우주적 종교와 불교』

“세상에는 두 가지 종류의 사물(things)이 있는 것 같다. 돌멩이나 깡통처럼 그 성질만 나열해도 완전히 설명할 수 있는 것(objects)들이다. 다른 하나는 과정(processes)으로서만 이해할 수 있는 것들이다. 사람이나 문화 같은 존재(entities)는 단순한 사물이 아니라 사건에 따라 전개되는 과정들이다. 세상에는 무엇이 존재하는 것처럼 보인다. 그러나 그것은 착각이다. ‘어떤 것(things)’이란 존재하지 않으며 단지 서서히 변하는 것과 빨리 변하는 것의 차이가 있을 뿐이다. (…) 따라서 우주에는 물체(object)와 과정(process)이 존재하는 것이 아니다. 빠른 과정과 느린 과정이 있을 뿐이다. 우주가 물체로 구성되어 있다는 환상은 고전역학을 구성하는 바탕이 되었다. (…) 현대물리학의 양대 기둥이라고 할 수 있는 상대론(相對論, theory of relativity)과 양자론(量子論, quantum theory)은 우리 우주가 과정들의 역사라고 말하고 있다. 운동과 변화(motion and change)가 주된 것이다. 근사적이고 임시적인 뜻으로 말하지 않는다면 세상에 존재하는 것은 아무것도 없다. 무엇인가가 어떤 고정된 상태에 있다면 그것은 환상이다. 우주는 많은 사건으로 구성되어 있다. 한 사건은 과정의 가장 작은 부분 또는 변화의 가장 작은 단위로 구성될 수 있다. (…) 사건들의 우주는 관계론적인 우주(relational universe)다. 모든 성질은 사건들 사이의 관련성을 통해서 기술된다. 두 사건이 가질 수 있는 가장 중요한 것은 인과관계다."[30]

현대물리학이 증명하는 세계관이다. 우주는 붙박이처럼 존재하는 물건들의 창고가 아니라 변화무쌍한 크고 작은 사건들의 합이라는 말이다. 구구절절 불교를 떠올리게 한다. 나도 없고 소도 없는 인우구망(人牛俱忘)의 실상을 현대물리학이 대변하고 있지 않나 하는 착각이 들 정도다.

30 리 스몰린 지음, 김낙우 옮김, 『양자 중력의 세 가지 길』(사이언스북스, 2007).

흔히 불교는 어렵다고 한다. 지금 이렇게 버젓이 책을 읽고 있는 내가 있는데, 내가 없다고 하니 그럴 만도 하다. 나뿐인가, 책도 없다. 모든 것은 끊임없이 변하고(제행무상, 諸行無常), 존재하는 온갖 사물은 인연에 의해 잠시 드러난 것일 뿐 실체가 없으며(제법무아, 諸法無我), 따라서 그 모든 현상은 빈 것(일체개공, 一切皆空)이라는 불교의 핵심교리는 육안으로는 볼 수 없는 존재의 바탕을 이야기하고 있기 때문이다.

이 원리를 읽은 사람이 2,700년 전 깊은 명상으로 진리를 체현한 깨달은 자, 붓다(Buddha, 佛陀)다. 세상만사의 공(空)한 실상을 보고 훅하고 불이 꺼지듯 괴로움이 사라진 열반 상태에서 진정한 자유와 평화를 누리다 간 사람. 그가 얻은 것은 '나 없음'이다. 그가 본 것은 텅 빈(空) 우주였다. 몸을 두르고 살지만 실은 '나'라고 고집할 만한 무엇이 없을 뿐더러(無我), 천지가 하나로 연결돼 움직이는(緣起) 쉼 없는 변화로 가득하다는 미시세계를 앉아서 꿰뚫어 본 것이다. 양자역학이 일상을 파고든 21세기를 사는 우리는 현대 과학에 대한 이해로 붓다가 될 수 있는 훨씬 큰 가능성 속에 살고 있다.

이런 불교에 매료된 물리학자가 있다. 그에게 비친 불교는 '1인칭 과학'이었다. 과학이라고 불러야 할 만큼 논리적인 이론체계를 가지고 있지만, 검증은 각자의 경험 안에서만 가능하기 때문이다. 그에게 불교는 물리학과 쌍을 이루는 상보적 관계의 학문이자, 실존의 문제를 해결해 주는 종교였다.

이렇게 시작된 노학자의 불교 사랑은 불교에 대한 체계적인 공부를 시작으로 손수 절을 짓는 삶으로 구체화되었다. 지리산 자락에 땅을 고르고 번듯하게 대웅전과 선방, 요사채를 들이고 약천사(藥泉寺)라는 간판을 올렸다. 스님 없는 절이다.

절집 주인이 된 학자는 범부가 일생을 살면서 가질 법한 삶의 문제들을 '양자역학이 묻고 불교가 답하는' 방식으로 한 권의 책으로 정리했다. 불교의 핵심교리라고 할 수 있는 연기법(緣起法), 중도(中道), 공(空) 사상을 아인슈타인의 상대성이론과 괴델의 불완전성 정리, 하이젠베르크의 불확정성의 원리, 제3의 과학이라고 부르는 복잡계 이론으로 설명한다. 불교가 직관이라면 과학은 논리적 사유에 해당한다. 물리학자 아인슈타인(Albert Einstein)은 미래의 종교는 그 교리가 과학과 상호보완을 이뤄 과학자와 예술가 모두에게 영감을 줄 수 있는 '우주적 종교(cosmic religion)'여야 한다고 언급하며, 우주적 종교가 될 수 있는 불교의 가능성을 간파했다.

덴마크의 물리학자 닐스 보어(Niels Bohr)와 독일의 물리학자 하이젠베르크(Werner Heisenberg)가 주도한 양자역학은 과학기술 측면뿐 아니라 철학, 예술 등 다방면에 중요한 영향을 미치면서 20세기 과학사에서 빼놓을 수 없는 중요한 사건이 되었다. 인간 이성이 가진 근원적 한계를 증명한 괴델의 불완전성 정리는 논리적 사유를 넘어서는 현상에 대한 초월적 영역을 열어 놓았다. 무아 체험과 같은 말로 표현할 수 없는 신비체험을 바라보는 과학적 시선에 변화를 불러오는 계기가 되었다. 입자-파동의 이중성(二重性, duality)으로 존재-비존재의 중도 원리와 입자가 관찰자와의 관계에 의해서만 존재한다는 현상을 밝혀낸 하이젠베르크의 불확정성 원리는 색(色)이 공(空)이며, 공이 곧 색이라는 『반야심경』과 서로가 서로에게 상즉상입(相卽相入)하는 중중무진(重重無盡)의 불교 화엄 세계관을 뒷받침하고 있다. 세계는 있다고도 할 수 없고 없다고도 할 수 없는 중도의 세계라는 사실이 통찰과 논리로 증명된 셈이다.

하이젠베르크는 공한 존재를 있다-없다로 말할 수 없기에 '무엇을 위한 일종의 경향'으로 표현했다. 우리는 끝없이 진동하며 변하는 하나의 과정이다. 빛이 입자면서 동시에 파동이듯이, 나는 있으면서 동시에 없다. 또한 미시세계의 입자들처럼 어디에 있는지 확인을 하면 한 곳에 모습을 드러내지만, 어디에 있는지 확인을 하지 않으면 동시에 여러 곳에 존재한다. 나는 있는 듯 없고, 없는 듯 있는 존재다. 인우구망이다.

과학은 지구상에 있는 생명체가 태양계 밖에 있는 무거

운 별들의 죽은 잔해로 생겨났음을 밝혀냈다. 우리는 정말 모두 '별에서 온 그대'다. 그뿐이 아니다. 여기 있는 나는 138억 년의 우주적 시공이 떠받들고 있다. 그 속에서 우리는 '전체가 그대로 하나(a single totality)'인 분리될 수 없는 연결된 생명으로 살고 있는 것이다. 일원상(一圓相)이다.

"어떤 것을 따로 끄집어내려고 할 때 분명한 것은 우주 만물 삼라만상이 그것에 걸려 달려 나온다는 사실이다."

생태계의 상호의존성을 인정하는 생태학자 뮤어(Muir)의 말이다. 의미심장하다. 나는 광대무변(廣大無邊)한 우주와 하나다. 그런 나를 밝히는 것은 오직 나만이 증명할 수 있는 '1인칭 과학'이다. 만약 나의 의식이 안에서 별처럼 환한 빛을 밝힌다면, 우주는 어떻게 될까?

없음의 세계

김용호 『제3의 눈』

"태초에 신이 이렇게 물체를 만들지 않았을까 생각해 본다. 견고하고, 질량을 지니고, 딱딱하고, 꿰뚫을 수 없고, 움직일 수 있는 입자들로서 물체를 빚어내시고, 당신의 창조목적에 가장 잘 이바지할 수 있도록 거기에 그러그러한 크기와 모양과 속성 그리고 공간에 대한 비율을 내리셨으리라. 저들 견고한 원초적 입자들은 고체이므로, 포개어 이룬 구멍이 있는 어떤 것에도 비할 수 없이 단단해서 결코 닳지도, 부서져 조각나지도 않는다. 신이 몸소 빚어내신 이 최초의 창조물을 세속의 힘으로는 절대 나눌 수 없으리라!"

궁극의 물체를 찾으려 했던 근대물리학의 완성자 뉴턴(Isaac Newton)의 일갈은 이처럼 가열찼다. 그러나 뉴턴의 확신과는 달리 '있음'을 토대로 하는 시대가 사라지고 있다. 20세기에 모습을 드러낸 현대물리학은 고대부터 이어져 온 '궁극의 있음'이라고 하는 존재철학을 기초부터 허물었다. 인간이 측정할 수 있는 물체의 최소단위인 소립자는 입자지만 입자처럼 행동하지 않는다는 사실을 밝혀내면서 존재의 땅에 지각변동이 일었다.

소립자는 입자면서 동시에 파동이었다. 입자-파동 이중성(wave-particle duality), 속칭 '웨이비클(wavicle)'이라고 불리는 이 현상은 물체를 '있다고도 할 수 없고 없다고도 할 수 없는 무엇'으로 만들어 놓았다. 이뿐인가? 하나의 소립자가 두 곳 이상의 장소에서 동시에 존재하는 위치 중첩(superposition) 현상도 있다. 물리학자들은 이러한 소립자를 가리켜 '에너지 다발' 또는 '구름 덩어리'라고 표현한다. 한 개의 물질이 한 장소를 점유하고 있는 게 아니라 동시에 넓게 퍼져 있다는 의미다.

소립자가 특정 장소에 국한해서 존재하지 않는 것을 비국소성(non-locality)이라고 하며, 공간을 초월해 연결되어 있다고 해서 엉킴(entanglement)이라고도 한다. 소립자의 결정적 특성은 항상 존재하는 것이 아니라 갑자기 생겨났다가 순간에 사라진다(刹那生滅)는 데 있다. 따라서 그것이 무엇이든지 '어떤 것'은 모두 '어디에 있을 가능성'이라는 확률로만 말할 수 있다. 더는 입자(粒子)라고 할 수 없기에 물질을 구성하는 가장 기본적인 단위였던 소립자의 시대는 지고 양자(量子, quantum)의 시대가 열렸다.

나도 없고 소도 없는 인우구망(人牛俱忘)은 '없음의 세계'다. '두 눈으로 보이는' 있음을 토대로 삼았던 낡은 과학과 철학이 저물면서 양자역학이 드러낸 없음의 세계는 새로운 시선을 요청한다. 있음의 세계를 붕괴시키고 대체할 창조력을 가진 '제3의 눈'이다. 시선의 변화는 일시적인 입장이나 관점의 변화를 의미하지 않는다. 새로 등장한 과학적 시선은 기존에 없던 전혀 다른 새로운 눈의 탄생이다. 다른 시선은 다른 삶으로 펼쳐지기에 시선의 변화는 문명의 전환을 예고하는 역사적 사건이 된다.

> "오늘날 인류는 있음에서 없음으로, 항상성이 무상함으로, 질서가 무질서로, 확실성이 불확실성으로, 분리와 고립이 무한 연결로, 일방성이 다방성으로, 양극체계가 다극체계로, 위계조직이 그물조직으로, 기계적 힘이 정신 물질적 의미로 대체되는 변화를 겪고 있다. 이 모든 변화의 진원지는 우리 안에 있다. 인류 문명을 뒤흔드는 거대한 진동은 우리 안에 새로 생긴 시선과 그 시선이

발견한 의미로부터 울려 나온다."

'새로움'은 늘 '낯섦'을 동반하기 나름이다. 시선의 변화는 세상을 보는 방식의 근본적인 변화를 의미한다. 새로운 과학과 새로운 철학, 새로운 문명은 양극을 여위고 '없음을 보는 눈'이다. 새롭게 뜨인 제3의 눈은 물리학과 자연과학, 언어학, 철학을 잇고, 제각각인 이론 속에서 '공통의 경향성'과 '공통의 시선'을 끌어내 색다른 이해로 돌아온다. 공통의 시선은 경계를 넘어 관계 맺고, 시공을 초월해 연동한다.

'없음(無, nothing)'은 맹신을 부추기는 허무(虛無, nihil)와 다르다. 허무는 두려움과 하나 돼 종교적 근본주의, 광적인 민족주의, 과학주의, 인종주의 같은 어둠의 자식을 낳는다. 맹신의 다른 이름들이다. 이들은 타자를 공격하면서 자신을 강화시킨다. 불안을 감추려는 폭력의 양상은 세상을 더 큰 불안으로 몰고 간다. 멈추면 보인다. 그러므로 멈추고 봐야 한다. 그때 눈에 들어오는 없음의 세계는 투명한 에너지로 가득한 세계다. 쉼 없이 운행하는 생기와 무한히 발하는 빛이 어우러져 춤추는 세상이다. 나, 너, 우리는 모두 실체 없는 실상, '순간의 춤'이다.

현대물리학이 견인하는 현재의 과학혁명은 시선의 변화이자 새로운 문명의 탄생을 의미한다. 하이젠베르크는 관찰자의 관찰행위 자체가 대상을 변화시킨다는 사실을 입증하면서 '불확정성의 원리(uncertainty principle)'를 세웠다. "입자는 자연과 우리 자신 사이에 일어나는 상호작용의 일부다. 우리가 관찰하는 것은 자연 그 자체가 아니라 우리의 질문방식에 따라 도출된 자연이다."는 말로 주관과 객관의 관계를 '상호 주관의 관계'로 설명한다.

미국의 물리학자 휠러(John Wheeler)는 '관찰자'라는 말을 '참여자'로 대체하자고 제안하면서, "우주는 참여하는 우주다."라고 주장했다. 나와 무관하게 분리되어 존재하는 우주는 없다. 참여하는 우주, 참여하는 내가 있을 뿐이다. 이 세상의 창조와 운행과 변화와 소멸, 이 모든 과정에 내가 개입하고 있다.

우주를 생성하는 우리 각자는 '나'를 어떤 시선으로 보고 있는가? 아인슈타인이 밝힌 '나'에 대한 우리의 시선은 "인간 존재는 우리가 '우주'라고 부르는 전체의 일부다. 그런데 그는 자기 자신을, 그리고 자기의 생각과 감정을 나머지 다른 것들과 구분된 어떤 것으로 경험한다. 이는 그의 의식이 일으키는 일종의 시각적 기만이다. 이 시각적 미혹은 우리에게는 일종의 감옥이 되었다."고 고백한다.

잘못된 시선으로 분리된 나는 '자폐적 나', '가짜 나'다. 나는 무엇인가? 나는 '나'를 어떤 시선으로 보고 있으며, 무엇으로 알고 있는가? 지금-여기에서 질문하지 않으면 '나'는 응답하지 않는다. '나'는 세상을 드러내는 창이자, 우주의 보편적 질서가 수렴되는 방이다. 입자이자 파동인 나, 있기도 하고 없기도 한 나. 나는 텅 빈 원이다. 나는 없음 덩어리다. 이것을 볼 때, 프랑스의 해체주의자 데리다(Jacque Derrida)가 말한 것처럼 우리는 없음의 세계를 '유쾌하게 긍정'할 수 있다. 나는 우주에서 춤추는 자다.

경계 너머, 아하!

루퍼트 셸드레이크 『과학자인 나는 왜 영성을 말하는가』

'소도 사람도 다 잊은 텅 빈 하나'가 두둥실 해처럼 떠오른다. 인간 너머의 세계와 연결되는 인우구망(人牛俱忘)은 '나'라는 경계를 넘어 선 사람에게 다가오는 둥근 세상이다. 모난 곳 없고, 끊어진 곳 없이 온전한 하나라는 깊은 앎, "아하!" 체험이다. 우리가 사는 자연 세계는 영적 탐구를 할 수 있는 잠재력으로 가득 차 있다. 양자물리학이라는 오솔길을 따라 걷다 보면 '있음'의 세상에서 '없음'의 세계로 넘어가게 되고 이윽고 '없이 있는' 역설의 지평에 다다르게 된다. 존재와 비존재를 잇는 다리 같다. 신과학을 연구하는 전문가들이 인간의 영성에 비상한 관심을 갖게 되는 것은 자연스러운 일이다.

영성을 강조하면서 대놓고 과학 근본주의를 비판하는

영국의 생물학자 루퍼트 셸드레이크(Rupert Sheldrake)는 대표적인 영적 과학자다. 식물성장과 세포 노화를 연구한 과학자로 그가 제시한 형태발생장(morphogenetic field) 이론은 큰 반향을 일으켰다. "자연의 체계들은 이전에 존재했던 자신들의 모든 종으로부터 집단기억을 물려받는다."는 셸드레이크의 형태공명(morphic resonance) 가설은 발생, 유전, 기억과 같은 생물학의 보편적 주제뿐 아니라 예지, 텔레파시, 영적 응시 효과 같은 초자연적 주제들까지 아우르는 혁신적 이론으로 다양한 분야의 연구자들에게 영감을 주며 폭넓은 주목을 받아오고 있다.

형태공명은 기억이라고 하는 비물질적 요소가 자연에 본래 갖추어져 있다는 개념으로, 자연 속에 내재 된 집단기억을 "생물체 전체의 모양새와 대사를 유지시키는 온전한 체계(holistic system)"로 보고 이 체계를 "생명체를 둘러싸고 있는 일종의 장"으로 설명한다. '형태장(morphic field)' 이론이다. 형태장(形態場)이란 가령 수정된 알에서 발생하는 생물체는 DNA 같은 물질적인 구성요소에 의해서가 아니라 형상을 창출해 내는 장(場, field)에 의해서 모양을 갖추게 되며, 수정된 알은 생명체가 속하는 종의 형태장 안에서 지속적인 영향을 받으며 성장하고 발달한다는 말이다. 형태장의 영향력은 3차원의 시공질서를 넘어서 각 개체에 영향을 미치고, 유사한 현상이 동시다발적으로 일어나는 형태공명으로 나타난다. 한 사건이 드넓은 형태장 안에서 서로 공명하는 것이다. 이런 형태장의 영향력은 소립자들이 시간과 공간을 넘어 즉각적으로 연결되어 작용하는 사실을 밝힌 양자역학으로도 설명된다. 형태장은 물질이 아니라 과거 경험이 누적된 하나의 의미의 장이자 한 덩어리로 작용하는 정보의 장이다. 당연한 말이지만 인간을 둘러싸고 있는 형태장은 생의 전 과정에 걸쳐 물질뿐 아니라 정신에도 영향을 미친다. 셸드레이크는 형태장의 작용을 한마디로 "완전한 개체를 형성하는, 우리 눈에는 보이지 않는 기제가 있다."고 요약한다.

> "형태공명의 영향은 이 세상의 어떤 존재로부터 오는 영향보다 조금 전에 있었던 바로 자기 자신으로부터 오는 것이 더 직접적이다. 바로 이러한 원리에 따라 '나'라는 생물학적 시스템은, 시간이 흐름에 따라 세부적으로는 무수한 변화가 일어나는데도 불구하고 전체적으로는 나의 모습을 유지하며 지탱해나갈 수 있다."[31]

경계 없는 세상이다. 여전히 적지 않은 과학자들이 유

31 김용호, 『제3의 눈』(돌베개, 2011).

물론에서 한 발자국도 벗어나지 못하고 있는 것이 현실이지만 20세기 이후 신과학을 선도하는 과학자들은 자연이 진화하고 발전하듯 자연법칙도 발전하고 변하고 있음을 증언한다. 자연의 본성이란 고정불변하는 것이 아니라 각 개체가 축적해 온 종의 오래된 습성으로 유동적이고 항상 변화에 열려 있다. 형태공명에 의해 형태장도 꾸준히 변해 가며, 변화된 장의 영향을 받는 종 전체도 진화의 과정을 이어 간다.[32] 쉽게 말하면 우리의 경험과 의식이 뇌라는 물질에 갇혀 있지 않다는 주장이다. 과거와 현재와 미래는 형태장 안에서 서로 공명하며 연결되어 있다. 과거와 현재와 미래는 하나다.

셸드레이크는 유럽에서 빠르게 진행되고 있는 탈종교 현상은 제도로서 종교라는 틀을 필요로 하지 않는 것일 뿐 그것이 '인간 너머의 세계(more-than-human world)'에 대한 무관심을 의미하는 것은 아니라고 강조한다. 참으로 그렇다. 종교라는 위선과 허울을 벗어 버리면서 현대인들은 더 정직하고, 더 진지하게 자신의 내면을 들여다보려 하고 그 일을 함께 할 수 있는 '세속적 수행공동체'를 찾고 있다. 프랑스에 알랭드 보통의 〈인생학교〉가 있다면, 한국에는 비교종교학자 오강남과 종교사

32 셸드레이크의 형태장과 형태공명에 대한 자세한 내용은 앞서 소개된 김용호의 『제3의 눈』 2부 '형태공명'을 함께 참조할 수 있다.

회학 연구자이자 수행자인 필자가 이끌고 있는 지식협동조합 〈경계너머 아하!〉가 그 예(例)다. 종교 없이 영적인 삶이 어떻게 가능하고, 오히려 얼마나 풍요로울 수 있을지 입증하는 실천적 활동들이 이루어지고 있다. 셸드레이크 역시 '그런 신'을 믿지 않는 의미에서 무신론자의 범주에 들지만 세상을 차가운 유물론적 세계관으로 보지 않는 면에서 대단히 '영적인 과학자'다. 그는 뇌 너머에 있는 마음의 경험과 물질로 설명할 수 없는 의식을 매개로 깊은 영적 세계를 파고든다.

경계를 넘는 일은 내가 직접 체험적으로 아는 수밖에 없다. '인간과 인간 너머와의 연결성'을 강조하는 셸드레이크는 형태장 안에서 내가 우주를 메우고 있는 에너지와 하나로 연결되어 있다는 사실을 직접적으로 경험할 수 있는 일곱 가지 방법을 제시한다. 종교와 무관하게, 종교 없이 깊은 영성에 도달할 수 있는 방법이다. 명상하기, 감사하기, 식물과 관계 맺기, 자연과 연결되기, 의례에 연결되기, 노래·찬트하기, 성지순례하기다. 명상은 단지 나를 위한 것이 아니다. 어수선하고 복잡한 마음을 가라앉히고 평정을 찾게 해주지만 거기에 머물지 않는다. 안으로 뿌리를 내린 명상은 인간 너머의 의식 세계로 연결되는 막강한 통로가 된다.

현대 과학은 우주가 138억 년 전 빅뱅으로 촉발된 이래

바늘 끝보다 작은 어떤 것에서 시작되어 줄곧 커지고 확장되어 왔다고 설명한다. 만물의 시작은 점도, 선도, 면도 아닌 어떤 사건을 근원으로 삼고 있으며, 그렇게 파생된 만물은 모두가 하나의 근원에서 나온 연결체임을 밝히고 있다. 그 무엇도 독립된 존재로 외따로일 수 없다는 과학적 진실이다. 광활한 우주 속에서 나는 작은 숨이지만 대체할 수 없는 고유성과 가능성으로 충만한 생명이다. 명상이 안겨 주는 지혜다.

감사는 에고의 담을 허물고 작은 나를 큰나로 자라게 하는 쉽고 힘 있는 수행이다. "감사할 때 상호적이고 삶을 고양하는 흐름의 일부가 된다. 반면에 감사하지 않으면 우리는 그 흐름에서 분리된다." 감사로 나는 우주의 우아한 흐름과 연결될 수 있다. 명상을 통해 이러한 근원적 통찰이 이루어지면 '조건 없는 감사'가 솟구친다. 나다, 너다 하는 만사의 구분이 사라지고, 겹겹이 단절된 구조가 통합된 하나로 읽히는 제3의 눈을 갖게 된다.

의례는 나와 인류의 연결성, 나와 우주의 일체성을 체험하게 하는 또 다른 통로다. 악수나 가벼운 인사처럼 일상에 녹아 있는 무의식적인 의례부터 신성을 기리는 엄숙한 종교 의례에 이르기까지 우리 삶은 의례의 연속이기도 하다. 정신을 새길 때 각각의 의례는 건조한 동작에서 영적인 행위로 되살아난다. 형태 공명을 통해 과거는 현재가 된다. 과거의 현존이다. 의례는 경계를 넘나드는 길이다. 이외에도 여럿이 더불어 노래하고 순례길을 걷는 것도 나라는 경계를 넘어서 외부와 공명할 수 있는 좋은 수단이다.

과학적이기 위해서는 기존의 과학 논리조차 뛰어넘을 수 있는 실험정신이 요청된다. 묵은 이론으로 설명되지 않는다고 해서 현상을 무시하는 것이야말로 비과학적인 태도다. 과학은 세상을 보는 유용한 창문이다. 하지만 유일신을 인정할 수 없듯이 과학 지상주의 역시 조심해야 한다. 도그마에 빠진 과학은 이미 과학이 아니다. 그런 의미에서 루퍼트 셸드레이크의 과학과 정신의 조화는 눈부시다. 수(數)가 세상을 설명하는 하나의 방식이지만 노을의 아름다움은 춤(舞)과 시(詩)를 필요로 한다. 나는 우주에 가득 찬 거대한 '아름다움의 일부'다. 이 사실을 어떻게 알 수 있을까? 종교와 무관한 일곱 가지 수행을 통해 내 안에 분유된 아름다움의 일부와 조우하면 된다. 주저함을 거두고 한 발을 내디딜 때 아름다움은 성큼 다가온다. 우주와의 합일에서 너와 나의 구별은 사라지고, 모두가 한몸이라는 인우구망을 체험할 수 있다. 나는 동그라미다. 경계를 넘으면 "아하!" 하고 시원하게 무릎을 칠 수 있는 신세계가 펼쳐진다.

9 반본환원返本還源
근원으로 돌아옴

근본 자리로 돌아오고자 무척이나 공을 드렸구려
그러나 어찌 그냥 귀머거리 장님 됨만 같으리
암자 안에서 암자 앞의 물건을 볼 수 없다네
냇물은 저절로 망망히 흐르고
꽃은 저절로 붉게 피고 있네

Returning to the Origin, Back to the Source

To return to the Origin,
to be back at the Source—already a false step this!
Far better it is to stay at home,
blind and deaf, and without much ado;
Sitting in the hut, he takes
no cognisance of things outside,
Behold the streams flowing—whither nobody knows: and
the flowers vividly red—for whom are they?

返本還源已費功
爭如直下若盲聾
庵中不見庵前物
水自茫茫花自紅

드디어 '근본'으로 돌아왔다. 소로 상징되는 나의 근본을 찾고자 집을 떠나 "무척이나 공을 들였는데", 마침내 나의 근본으로 돌아왔다. 지금껏 나의 근본을 찾고자 바깥 세상을 헤맸지만 이제 본래청정(本來淸淨)인 그 근본이 결국은 '내 안의 참나'임을 알고 되돌아오게 된 것이다. 바깥 세상을 헤맨 것이 완전히 헛수고라고는 할 수 없다. 이런 과정을 통해 '귀머거리, 장님'의 상태에서 벗어날 수 있었기 때문이다.

중국 송나라 때 청원유신(靑原惟信) 스님이 "내가 30년 전 아직 선 공부를 하지 않고 있을 때는 '산은 산이고, 물은 물이었다.' 그 후 훌륭한 스님을 뵙고 어느 경지에 이르렀을 때 '산은 산이 아니고, 물은 물이 아니었다.' 그 이후 이제 쉼의 경지에 이르게 되니 '산은 정말로 산이고, 물은 정말로 물이어라.'"[33]고 했던 것처럼 수행을 통해 세상을 보는 눈이 완전히 바뀌었다는 뜻이다. 나의 참된 나됨을 체득하게 된 셈이다. 수행 자체로는 이 단계가 최종 단계라 할 수 있다.

참나를 찾아 근본으로 돌아왔다는 것은 궁극적으로 우주라는 큰 집으로 돌아와 나와 우주가, 그리고 나와 우주 안에 있는 모든 것이 하나임을 깨닫게 되었다는 뜻이기도 하다. 이렇게 근원으로 돌아가 근원과 하나 됨의 가르침은 세계 주요 종교의 심층에 한결같이 깔려 있는 기본 가르침이다. 모든 것이 하나라는 만유일체(萬有一體), 조그마한 차별이나 균열도 없이 하나라는 혼연동체(渾然同體), 모두가 하나로 돌아감이라는 동귀일체(同歸一體), 불교 중 화엄불교는 모든 것이 서로 어울린다는 상즉(相卽)·상입(相入), 근원과 현상이 거침없는 관계를 맺는다는 이사무애(理事無礙), 현상과 현상이 거침없는 관계를 맺는다는 사사무애(事事無礙) 등이 이를 말해 주고 있고, 서양에서는 일치의식(unitive consciousness), 우주의식(cosmic consciousness)이라 표현하기도 한다. "너 자신을 알라."는 말이 여기서 드디어 완성된 셈이다.

나와 이웃과 만물이, 나아가 온 우주가 모두 하나 되는

---

33 老僧三十年前未參禪時 見山是山 見水是水, 乃至後親見善知識有入處, 見山不是山 見水不是水, 而後得箇休歇處 依前見山祗是山 見水祗是水. 이 말은 한국의 성철 스님이 "산은 산, 물은 물"이라 하여 널리 알려지게 되었다.

경지에 이르면 전에 탐진치 삼독(三毒)으로 찌들었던 이기적인 나는 사라지고 새롭게 발견된 참나가 나의 행동을 이끌어 가는 주체가 된다. 내 욕심에 따르는 것이 아니라, '귀머거리 장님처럼' 지내면서, 구태여 암자 안에서 암자 밖의 것을 볼 필요도 없다. 그저 '물처럼 바람처럼' '저절로 망망히 흐르는 냇물처럼, 저절로 붉게 피는 꽃처럼' 무위자연(無爲自然)의 원리에 따라 진정으로 유유자적 자유로운 사람으로 거듭나는 것이다. 이렇게 될 때 자연스럽게 동체대비(同體大悲), 이웃의 아픔이 나의 아픔이라는 자각에서 이웃을 돕고자 하는 보살 정신이 스며들게 된다. 이를 실천하게 되는 것이 바로 다음에 나올 제10화의 이야기다.

쓸모없는 배움

류영모 『제나에서 얼나로』

등반가 라인홀트 메스너에게 기자가 물었다.

“당신이 낭가파르밧 설산을 오르는 것이 대체 무슨 의미가 있나요?”

메스너는 대답했다.

“그렇게 묻는 당신의 인생은 무슨 의미가 있는가?”

너 나 할 것 없이 우리 모두는 내려오기 위해 오르고, 돌아오기 위해 떠난다. 다시 돌아온 제자리는 전과 다른 자리기에.

십우도 여정의 아홉 번째 단계에 도달했다. 반본환원(返本還源), 근원으로 돌아온 자리는 동양사상이 반긴다. 동구 밖에서 두 팔 벌려 맞는 이는 ‘빈 탕한 데(허공)로 돌아감’을 강조한 우리 사람 다석 류영모다. “한낮의 밝음은 우주의 신비와 영혼의 속삼임을 방해하는 것"으로 보고 자신을 다석(多夕)이라 이름할 만큼 '영원의 소리를 빨리 들을 수 있는' 밤을 추앙했던 이.

'다석' 하면 낮과 밤이 스며들며 하나로 깊어지는 해거름 녘 검붉은 하늘이 떠오른다. 다석은 세상의 허다한 둘을 하나로 알아, 한바탕 놀이가 된 삶을 살다 간 20세기 우리 사상가다. 다석학회 회장 정양모 신부는 인도의 석가, 중국의 공자, 그리스의 소크라테스에 견줄 만한 인물로 주저 없이 한국의 다석 류영모를 내세운다.[34]

걸출한 제자 함석헌의 스승으로 더 잘 알려진 다석 류영모는 한국인의 정신에서 진제(眞諦)와 속제(俗諦)를 아우르는 '씨알 사상'을 일궜다. 씨알은 천지 사람 누구에게나 심어져 있는 영생하는 '하느님의 씨앗'이자, '깨달음의 씨앗(佛性)'이며, 그 알을 품고 더 나은 세상을 헤쳐 나가는 이 땅의 주체들, 민중 한 사람 한 사람이다.

> "내 몸은 수레이지만 내 정신은 속알(참나)이다. '속알'이란 덕(德) 자를 우리말로 옮긴 것인데 창조적 지성이란 말이다. 솟구쳐 올라 앞으로 나아가는 지성이 속알이다."

34 오강남 지음, 『진짜 종교는 무엇이 다른가』 (현암사, 2019) 류영모 편 참조.

제나(自我)[35]에서 속알이 깃든 '얼나'로 솟나는 삶이가 참 삶이다. 이제는 잠언처럼, 경전처럼 읽히는 그가 남긴 말들은 생기 품은 '말숨'이 되어 얼나의 깨움을 재촉한다.

"빈 탕한 데(허공)에 맞춰 놀이하는 것이 나의 소원이다. 나는 해와 달에 맞춰서 놀려고 하지 않는다. 이러한 생각을 가지고 맘(心)과 몬(物)을 생각한다. 몬(物)에 맘이 살아나면 마음속의 얼나가 어두워지고 참된 생각이 사라지고 만다. 그러므로 두려운 것은 몬(物)에 맘이 살아나 속맘이 어두워지는 것이다. 몬(物)에 마음이 살면 마음의 자격을 잃고 만다. 이 세상의 광명세계는 사이비(似而非)의 거짓 밝음이다. 이 거짓 광명 속에서 마음이 살아나면(집착하면) 안 된다. (…) 정말 홀가분한 것을 알려면 빈 탕한 데(허공)에 얼로 이어져야 한다. 그러면 얼을 담은 몸이 홀가분하게 살 수 있다."

삶의 달인은 빈 탕한 데서 놀 줄 아는 사람이다. '자기 여

35 다석 류영모는 유불선과 그리스도교 등 종교의 심층을 통합한 사상가다. 심층 종교가 갖는 보편적 특징을 한국인의 정신에 맞게 재해석하고, 순우리말로 풀어내면서 독특한 가르침을 구축했다. 깨달음을 '솟남'으로, 탐진치에 찌든 몸의 나를 '제나'로, 거듭난 큰나를 '얼나'로 표현하면서 인간의 성품 속에 깃들어 있는 변화의 가능성을 '속알(참나)'로 보고 한국적 심층 사상의 상징이 된 씨알 사상의 기틀을 마련했다. 씨알 사상은 제자인 함석헌에 의해 사회운동을 추동하는 힘으로 확산되고 전승되었다.

행'을 한 사람만이 누릴 수 있는 막힘없는 자유다. 다석의 십우도 여정은 기독 신앙인으로 시작해 톨스토이 문학과 노자를 만나고, 불경을 접하면서 몸 사람 류영모에서 얼 사람 다석으로 거듭난다. 여정을 마치고 돌아온 다석에게 한얼님은 '하늘에 계신 우리 아버지'가 아닌 '없이 계신 이'가 되었다. 오도송처럼 저절로 고백 되었을 '없이 계신 이'라는 통찰은 다석의 상징어가 되었다. 절대 말로 표현할 수 없는 절대자를 한글의 고운 자태를 두르고 기막힌 역설로 살려냈다. 진공묘유(眞空妙有), 없이 계신 이.

다석이 다다른 깊은 영성은 이 한마디 말로 그 심연을 가늠하고 남음이 있다. 진리를 꿰뚫은 이의 눈에는 세상사 무엇이 참이며, 무엇이 허울인지가 또렷해진다. 돌아온 자리에서 이어 갈 일은 '쓸모없는 쓸모'다.

"무엇에 쓰느냐고 그 소용(所用)을 따지는 말을 내가 아주 싫어한다. 사람이 무슨 소용이 있어서 사는 것이 아니다. 무슨 소용에 닿지 않는 것이 여간 많지 않다. 오히려 그러한 것의 의미가 있다. 무엇에 쓰는지 모를 것을 실상 알아보아야 한다. 하늘은 무엇에 쓰는 것일까? 우리 인간은 무엇에 쓰자는 것인가? 저 억만 별들은 무엇에 쓰자는 것인가? 구만리 넓은 땅은 무엇에 쓰자는 것인가?”

“사람은 이용(利用)을 위해서 사는 것이 아니다. 사람은 이용이니 소용이니 하는 생각 없이 사는 것이 참으로 사는 것이다. 그냥 보아서는 아무 의미 없는 것, 그것이 의미가 있는 것이다. 아무것에도 쓸데없는 것이 참으로 쓸데 있는 것이다.”

다석은 장자의 무용지대용(無用之大用), ‘쓸모없음의 큰 쓸모’를 우리 식으로 풀어놓았다. ‘하늘은, 우리 인간은, 무엇에 쓰자는 것인가?’ 하는 소용을 논하기 전에 잠시 제자리에 있는 것들, 그저 있음만으로 제 역할을 하는 것들을 헤아려 본다. 이미 온전한 세상의 본질로, 근원으로 돌아가는 일이다. 몸나의 원리가 기세등등한 세상에서 아무짝에도 쓸모없는 얼나의 가치를 알아차린 심층의 사람들이 한목소리로 강조하는 것이 있다. 쓸모없는 공부, 목적 없는 배움이다. 공부의 소용은 밖에 있지 않고 안에 있다. 더 많은 것을 소유하기 위한 공부는 밖에서 찾는 쓸모다. 대가가 없으면 이내 초라해지는 것들이다.

우주에서 유일한 나이기에 오직 나에게만 합한 길이 있

다. 그 길을 찾고, 스스로 그 길을 가는 공부는 안으로 힘이 고인다. 나답게, 묵묵히 걸어가게 하는 힘 있는 공부는 '쓸모없는' 공부가 대부분이다. 당장에 아무 결과도 내지 않고, 별 소용이 보이지 않는 책 읽기, 차분히 생각하기, 가만가만 걷기, 고요히 느끼기, 숨 고르기, 나를 표현하기다. 기쁨이 되는 공부는 그 자체가 구원이다.

삶의 어느 지점이 '다 이룬' 목적지가 될 수 있을까? 삶은 통째로 여정(旅程)일 뿐이다. 가면서 배우고, 배우며 기쁨을 맛보고, 나눔으로 배움의 가치가 더해 가는 변화의 과정이다. 내가 하는 나를 위한 공부에는 오직 하나, '믿음직한 나' 하나 있으면 족하다. 든든한 나는 샘솟는 힘의 원천인 '얼나'다. 얼나와의 조우를 기대하며 각자 길을 찾고, 스승을 찾아, 자기 길을 가는 거다. 유유히.

> "영원한 생명을 믿는 사람에게는 바쁜 것이 없다. 하늘이 무너져도 솟아날 구멍이 있다. 영원한 생명으로 사는 사람은 언제나 유유한다. 생각도 유유하고 노래도 유유한다."

마지막 말

석지현『우파니샤드』

"거기 내가 찾던 모든 것이 다 있었다. 불교가 격하시켜 버린 것, 기독교가 놓쳐 버린 것, 라즈니쉬가 무시해 버리고 지나간 것들이 모두 있었다."

'나'를 알고자 십수 년을 몸부림친 수행자는 『우파니샤드(Upanishads)』와의 만남을 이렇게 토로한다. 존재 자체로 걸작인 『우파니샤드』를 그림처럼 아름답게 풀이한 비구 석지현의 고백이다. 『우파니샤드』는 그에게 마지막 언어가 되었고, 이후 수행은 말이 끊기는 심연을 향했다. 『우파니샤드』는 그런 책이다. 언어지만 언어를 초월하게 하고, 말로써 말을 잃게 하는. 한 구절 한 구절이 의식 속으로 녹아 없어지듯이 한 수행자에게

'마지막 말'이 된 『우파니샤드』에는 신비한 힘이 있다.

필자에게는 이 책을 쓴 저자와는 정확히 반대되는 경험이 있다. 말 없는 자리에서의 앞선 경험을 주체하지 못할 때 『우파니샤드』를 통해 무릎을 치고, 언어를 넘어선 언어의 무한한 가능성을 마주한 채 또다시 말을 잃어야 했던. 어떻게 '그것'을 이렇게 표현할 수 있을지… 『우파니샤드』는 경전이자, 문학이자, 그 자체로 예술이다. 이후 『우파니샤드』를 만나는 모든 이들의 경험이 궁금하게 되었다.

『우파니샤드』는 고대 인도인들이 구축한 우주와 인간에 대한 예지의 결정체로 경전 중의 경전이다. 정확한 시기를 특정할 수 없지만 인류의 영성이 폭발적으로 발현된 축의 시대(BCE.700~BCE.200) 전부터 『우파니샤드』의 지혜는 드러나 있었다. 방대한 분량의 내용이 스승에게서 제자로 구전되어 내려오다가 문자로 기록되었고, 현재 남아 있는 것은 108종 뿐이다. 그 가운데 13종을 '기본적인 우파니샤드들'(Principal Upanishads)이라고 하여 가장 중요한 내용으로 삼는다.

우파니샤드는 "심오한 가르침을 전수받기 위해 제자가 스승에게 '가까이(upa)' 다가가 그 발 '아래에(ni)' 겸허하게 '앉다(shad)'라는 뜻이다. 무엇을 전수받고자 하는가? 심오한 가르침이란 무언가? 나라고 하는 현상의 근원자, 내가 돌아가야 할 곳, 우주와 연결된 '나'의 본성에 대한 통찰이다. 그야말로 반본환원이다.

> "우파니샤드에서의 근원자(神)에 대한 탐구는 처음에는 자연, 인생에 대한 탐구가 주류를 이뤘다. 그러나 곧이어 〈아트만〉(Atman, 자아), 또는 〈브라만〉(Brahman, 절대신)이라는 추상 개념을 근원자로 생각하기에 이르렀다. 그리하여 인간은 이 아트만과 브라만을 깨달음으로써 해탈(moksha, 영적인 자유)의 경지에 이르게 되는데, 이는 기존의 종교적인 제례의식 등을 통해서는 불가능하다는 걸 거듭 강조하고 있다."

『우파니샤드』를 빼고 불교를 논할 수 없으며, 서양철학도 예외일 수 없다. 모두 직간접적으로 『우파니샤드』의 영향 아래에 있다. 불교의 핵심인 깨달음(覺, buddhi), 공(空, śunyatā), 윤회(輪廻, samsara), 해탈(解脫, moksha) 사상은 물론이거니와 플라톤에서 칸트로 이어진 철학의 골격도 마찬가지다. 신존재론, 영혼 불멸성, 의지의 자율성이라는 세 가지 개념은 기원전 600년 이전에 이미 『우파니샤드』가 추구했던 개념들이다. 인간존재의 허다한 물음과 실존적 고민의 뿌리에는 『우파니샤드』가 있다.

독일 철학자 쇼펜하우어는 "『우파니샤드』는 이 세상의 모든 책 가운데 가장 값진 책이며 가장 숭고한 책이다. 『우파니샤드』는 내 삶의 위안이며 동시에 내 죽음의 위안이다." 또 있다. 19세기 미국의 초월사상가 랄프 왈도 에머슨(Ralph Waldo Emerson, 1803~1882)에 미친 영향은 더욱 구체적이다. "『우파니샤드』는 무더운 여름밤, 바람 부는 바다와 같다. 『우파니샤드』는 모든 종교적 정서와 모든 위대한 윤리를 포함하고 있다. 그것은 지극히 고상하며 끊임없이 우리 영혼에 시적인 영감을 불어넣고 있다." 에머슨이 당시 엄격한 제도 교회의 틀을 벗어나 주저 없이 내면의 자율성과 인간 영혼의 근원적 아름다움을 선언할 수 있었던 힘이 어디에 기인하고 있는지 엿보게 된다.

동서고금의 종교와 철학, 영성의 근원이 된 『우파니샤드』는 이제 나의 십우도 여정 중에서 빛을 발하고 있다. 감춰져 있는 내 안의 빛, 존재의 바탕을 조명하는 외부의 빛으로. 『우파니샤드』가 내는 불빛을 따라가다 보면 미지의 나에게 도달하게 된다. 근원으로 돌아가는 길은 내 안에 나 있다. 자기 자신을 체험할수록 그 길은 또렷해진다. 명상은 나를, 내 안의 가능성을 체험할 수 있는 가장 좋은 방법이다. 명상 가운데 알게 되는 것들이 있다. 진짜 나는 어떤 모습이며, 지금 나와 너의 관계가 무엇을 의미하고, 우리가 어떻게 하나로 연결되어 있는지

이 모든 고리가 한눈에 들어오는 순간이 열리게 된다. 통찰이다. 전체를 보는 직관이다.

> "이 자아를 명상하고 깨닫지 않으면 안 된다. 자아에 관해서 듣고 그 의미를 숙고하고 명상을 수련함으로써 자아를 깨달을 수 있나니 자아를 깨달음으로써 우리는 이 모든 것을 알게 된다."
>
> — 브리하드 아라냐꺄 우파니샤드

> "악행을 포기하지 않고는, 감각을 절제하지 않고는, 그 마음에 부는 바람을 잠재우지 않고는, 명상을 실습하지 않고는, 그대는 결코 아트만을 깨달을 수 없다. 지식에 의해서는 결코 아트만을 깨달을 수 없다."
>
> — 까타 우파니샤드

> "그(아트만)의 모습은 보이지 않으므로 그 누구도 그를 볼 수 없다. 명상을 통해서만이 오직 명상의 그 예지를 통해서만이 그는 감지되나니 그를 깨닫는 자 불멸하리라."
>
> — 까타 우파니샤드

『우파니샤드』는 명상을 실천하지 않고는 결코 존재의 바탕인 아트만을 깨달을 수 없다고 명시하고 있다. 그렇다. 명상이야말로 나를 진하게 체험할 수 있는 가장 빠른 통로다. 작은 나가 항상 뒤에서 나를 지켜보고 있는 큰 나를 알아보는 일이다. 나는 혼자가 아니다.

> "같은 나무에 앉아서 〈먼젓새〉는 그 자신의 나약함을 슬퍼하고 있다. 그러나 그가 불멸의 존재인 〈뒤의 새〉를 알아볼 때 그는 그 순간 이 모든 생존의 고통으로부터 자유롭게 된다."
>
> — 문다까 우파니샤드

명상이 몸에 익으면 매 순간 눈앞에서 펼쳐지는 구체적인 삶을 통해 존재의 근원을 자각할 수 있다. 이 일이, 그 만남이, 저 현상이 내게 무엇을 말하고 있는지 깊이 보고 넓게 이해하게 된다. 자연스럽게 좋다 싫다를 넘어서 그냥 바라보게 된다. 감정이 불러일으키는 갈등의 소용돌이에서 벗어나 생각의 틈 가운데 노닐 게 되는 찰나다. 이런 사는 맛은 '먼젓새'가 '뒤의 새'로 전환되어 가는 다른 존재 방식이다. 하나에 매몰되지 않고 전체를 보는 관찰자가 될 때 일상은 더 민감에게 자각하되 그것에 갇히지 않는 묘미를 맛볼 수 있다.

> "주어진 자기 일에 열중하면서 이 세상에 오래오래 살고자 하는가? 주어진 그 일을 통해서 그(브라만)를 깨달으라. 그러면 이 세상일로 하여 그대는 더 이상 고통받지 않으리."
>
> — 이샤 우파니샤드

> "자각(自覺)의 한순간 한순간을 통해서 브라만을 감지할 때 우리는 비로소 브라만을 깨닫게 된다. 이런 예지에 의해서 우리는 저 불멸에 이르게 되나니 자기 자신(아트만)을 통해서 죽음을 극복하는 힘을 얻을 수 있으며 지혜에 의해서 우리는 저 불멸에 이른다."
>
> — 께나 우파니샤드

일원상으로 그려지는 존재의 바탕, 이 세상의 모든 것을 알려면 '높은 지식(para vidya)과 낮은 지식(apara vidya)'이 겸비되어야 한다. 『우파니샤드』는 종교의식이나 천문학, 언어를 통한 학습 등 유한한 것에 대한 앎을 낮은 지식으로, 브라만과 자기에 관한 지식, 무한한 것에 대한 자각을 높은 지식으로 설명한다. 명상을 하고, 세상에 흔적 없이 편만해 있는 존재의 근원을 보고자 하는 애씀, '깨어 있음을 향한 모든 노력'은 높은 지식이다.

> "베다 경전에 기술되어 있는 종교의식들은 〈낮은 지식〉만을 가져다 준다. 그러므로 현자들은 이런 형식적인 종교의식들을 무시하고 한층 〈높은 지식〉을 추구하고 있다. 이런 형식적인 종교의식들은 덧없는 것이며 낮은 지식만을 가져다준다. 그러나 어리석은 이들은 이런 종교의식들을 높은 지식인 줄 알고 거기 열중하고 있다. 그리하여 그들은 삼사라(samsara), 이 삶과 죽음의 바다에서 길이 벗어나지 못하고 있다."
>
> — 문다까 우파니샤드

십우도의 여정 9단계에 이르니 모든 것이 선명해진다. 낮은 지식을 통해서, 그리고 높은 지식을 통해서 내가 이해하고, 깨달아야 하는 것이 무엇인지. 나 자신인 그를 보는 일이다. 굳은 의지와 간절한 마음, 그리고 부단한 명상수행이 마침내 뜻을 이루게 하는 비결이다.

"아트만을 이해한 사람, 그는 축복받은 이다.

아트만을 깨달은 사람, 그는 더욱 축복받은 이다."

— 까따 우파니샤드

『우파니샤드』는 '아트만은 엄지손가락만 한 크기로 우리의 심장 속에 깃들어 있다.'고 말한다. 궁극적으로 내가 돌아가야 할 곳이 어딘지도 명료해졌다. 『우파니샤드』 앞에 가까이 다가가 앉는 것은 '근원으로 돌아가는' 일이자 잃었던 좌표를 찾아 '다시 제자리로 돌아오는' 길이다. 내가 돌아갈 곳은 나다.

"나를 이해한 사람, 그는 축복받은 이다.
나를 깨달은 사람, 그는 더욱 축복받은 이다.
나에게 돌아온 그에게 세세 무궁토록 축복 있으라."

10 입전수수入鄽垂手
저잣거리로 들어가 도움의 손을 드리움

가슴을 풀어헤치고 맨발로 시장 바닥에 왔다
먼지 묻은 얼굴에 웃음 가득하네
신선의 진짜 비결 쓸 필요도 없어
그냥 저절로 고목에 꽃이 피게 한 것일세

Entering the City with Bliss-bestowing Hands

Bare—chested and bare—footed,
he comes out into the market place;
Daubed with mud and ashes, how broadly he smiles!
There is no need for the miraculous power of the gods,
For he touches, and lo!
the dead trees are in full bloom.

露胸跣足入鄽來
抹土塗灰笑滴腮
不用神仙眞秘訣
直教枯木放花開

십우도의 제10화는 도움의 손길을 가지고 저잣거리로 들어가는 것이다. '입전수수(入鄽垂手)'의 '수(垂)'는 '드리우다'라는 뜻과 함께 '베풀다' '돕다'라는 뜻을 가지고 있다. 자기의 종교적 깨달음의 체험을 남을 돕는 행동으로 옮긴다는 뜻이다. 체험이 실천으로 열매 맺는 것이다.

이 열 번째 그림에 적힌 서(序)에 보면 이제 구도의 여행을 마감한 목동은 "자기의 내적 변화를 드러내지도 않고 틀에 박힌 옛 성현들의 길을 그대로 따르지도 않는다." 자유자재, 무애(無碍)의 방식으로, 그리고 오로지 바가지와 지팡이만 가지고, 사람들을 도와 성불하게 하려고 저잣거리로 들어간다. 스즈키의 해석에 따르면 바가지는 공(空)을 뜻하고 지팡이는 무소유를 의미한다고 한다.

저잣거리로 들어간 목동은 "술장사, 생선장사와 어울려 모두를 깨달음에 이르게 한다."고 한다. 부처님이 계급제도에 구애됨이 없이 모두를 상가(saṅgha, 僧伽)에 받아들인 것도 이와 같다. 예수님이 그 당시 하층 계급인 세리나 창녀들과 어울려 무애의 삶을 살았다는 것을 연상시킨다. 이것은 모두 나와 이웃을 하나로 보기 때문에 생기는 자비와 사랑의 마음에서 가능한 것이다.

시카고대학교 종교학자 요아킴 바흐(Joachim Wach)는 종교경험의 네 가지 특징을 이야기하고 있다. 첫째는 궁극실재로 여겨지는 것에 대한 반응이고, 둘째는 인간의 전 존재로 반응하는 전폭적 반응이며, 셋째는 다른 어느 경험보다 '강력하고, 포괄적이고, 전율적이고, 심오한 체험으로서, 넷째는 반드시 '행동'으로 이어진다는 것이다.

유교 경전 『대학(大學)』에도 보면 '큰 배움'은 여덟 가지 단계로 구성되어 있는데, 사물을 궁구하고(格物), 깨달음을 극대화하고(致知), 뜻을 정성스럽게 하고(誠意), 마음을 바르게 하고(正心), 인격을 도야하고(修身), 가정을 살피고(齊家), 나라를 다스리고(治國), 궁극적으로 세계에 평화를 가져오는 일(平天下)이다. 여기서 마지막 세 단계는 가정과 사회와 세계를 위해 봉사하는 것이다. 배움의 궁극 목표는 세계에 평화를 가져오는 일이라는 이야기다.

종교적 체험을 했다면서 아직도 자기 마음의 평안만으로 만족한다면 그것은 참된 종교적 체험에 이르지 못했다는 뜻이다. 진정으로 깨친 사람은 예언자 이사야처럼, "내가 여기 있나이다. 나를 보내소서."(이사야6:8)하는 태도로 자기의 깨달음을 행동으로 옮기게 된다. 보살의 정신이다. 종교적 체험은 '동기부여와 행동을 위한 가장 강력한 근원'이 되기 때문이다.

한 가지 알아야 할 것은 이렇게 깨친 이들이 행동을 할 때는 결코 행동의 결과에 연연하지 않는다는 사실이다. 『논어』에 보면 공자님은 비록 자기가 하는 일이 성공할 수 없는 일인 줄 알면서도 그것이 옳은 일이라면 결과와 상관없이 그 일을 수행하였다고 한다. 이것이 바로 자기가 없어지고 참나를 발견한 사람이 자기의 이해관계(利)를 떠나 옳음(義)을 추구하는 마음이다.

어떻게 남을 도울 것인가? 불교에서는 전통적으로 세상에 도움을 주는 방식으로 재보시(財布施), 무외보시(無畏布施), 법보시(法布施)를 이야기하고 있다. 재보시란 재물을 나누는 것이고 무외보시는 사람들에게 두려움을 몰아내고 용기와 희망을 갖도록 해 주는 것이고, 법보시는 진리를 나누어 주는 것이다.

현대에는 이렇게 따로따로 구별할 것 없이 자기가 할 수 있는 분야에서 사회를 위해 일하는 것이 중요할 것이다. 특히 오늘 인류가 당면하고 있는 양성평등, 사회정의, 환경문제, 생태계 보호, 생명존중, 인종차별, 인권, 빈부 격차 해소, 평화 등등에서 예언자적 목소리를 내고 이런 문제를 해결하기 위해 헌신하는 것이다. 최근까지 불교가 이런 사회문제에 그렇게 적극적이지 못했던 것이 사실이다. 현재 이런 점을 보완해서 불교계에서도 '참여불교(Engaged Buddhism)' 운동이 일어나고 있다.

현대의 인물로 이런 보살의 정신을 발휘한 사람으로 마더 테레사 수녀를 예로 들 수 있을 것이다. 콜카타의 버려진 아이들을 모아 끊임없이 쓰다듬어 주어 그들의 삶을 새롭게 했다. 그 외에 마하트마 간디, 달라이 라마, 디트리히 본회퍼, 토마스 머튼 등도 각자가 처한 자기들의 저잣거리에서 도움의 손길을 뻗은 사람들이라 볼 수 있을 것이다.

이처럼 자기희생적인 도움으로 사회에 들어가 웃음 가득한 얼굴로 그 사회를 위해 일할 때 "고목(枯木) 같은 사회도 다시 꽃이 필 수 있다."고 하는 것으로 십우도는 끝을 맺는다.

세속주의

필 주커먼 『종교 없는 삶』

십우도 여정의 종착점이다. 언제였던가, 불안과 혼란에 떠밀리듯 나선 내면 여행은 굽이굽이 도는 길 위에서 이윽고 조건 없는 만족을 배우고, 있는 그대로 온전하다는 사실에 고개를 끄덕일 수 있게 되었다. 그런 자신에게 미소를 보내며 다시 발을 뗀다.

자기를 온전히 믿을 수 있게 된 '나'는 '너'를 향해 간다. 입전수수(入鄽垂手)는 자기가 자기를 낳은 이의 자연스러운 발걸음이다. 신 없이 신을 만나고, 스스로 신이 된 사람에게 세상은 통으로 사랑이다.

나를 찾고, 나를 만나고, 나를 비우는 일련의 과정은 종교 없이 가능한 삶이다. 사람들이 남을 배려할 줄 알면, 기도를 포기하고 종교적 믿음이 사라져도 사회는 훌륭하게 돌아간다. 이런 사실을 증명하듯 '종교 없는 삶'과 '신 없는 사회'를 구현한 나라들이 있다. 아름다운 숲, 멋진 도시들, 평등한 사회정책, 뛰어난 교육제도, 건강한 민주주의, 낮은 범죄율과 부정부패, 무상의료 시스템, 탄탄하게 지원받는 예술 활동, 노후 걱정 없는 복지제도, 서로에 대한 예의 등. 이 모든 것을 다 갖춘 스칸디나비아에는 하나가 없다. '신(神)'이 없다. 신을 떠받드는 종교가 없다. 하느님에 대한 믿음 없이도 일상은 놀랄 만큼 안전하고, 도덕적이며, 강하고, 쾌적하다.

종교 없는 삶은 튼튼한 '세속주의(secularism)' 위에 세워진다. 세속은 부정성이 아니다. 오히려 그 반대되는 열정으로 저잣거리의 삶에 헌신하는 순수한 '사람의 일'이다. 무(無)종교적 인본주의다. 사람에 의한, 사람을 위한, 사람의 일로 굳이 신을 필요로 하지 않는 인간의 이성과 양심이 구축한 성숙한 토양이다.

신(神) 대신 인간을 중시하는 세속주의는 "지금 여기에서 사회를 개선하기 위해 노력하는 의식적이고 비종교적이며 합리적인 이데올로기"로 정의된다. 1851년 세속주의라는 말을 처음으로 만들어 낸 잉글랜드 작가 조지 제이콥 홀리요크(George Jacob Holyoake)는 세속주의는 종교에 반(反)하는 것과 무관하다고 강조한다. 그보다 '현세 중심적 에토스에 바탕을 둔 개인적이고 긍정적인 성향' 같은 것으로, '인간과 자연, 삶과 실존, 지금 여기'에 관심을 기울이도록 삶을 이끄는 원칙 같은 것이다.

세속주의에는 세 가지 근본 원칙이 있다. 첫째 물질적인 수단으로 현세의 삶을 향상시키고, 둘째 과학을 인간이 이용할 수 있는 섭리(providence)로 이해하며, 셋째 선(善)에 대한 신뢰다. 다음 생에 보답이 있든 없든 현세에서 행해지는 선은 좋은 것이며, 선을 추구하는 것은 바람직한 일이라는 원칙이다. 선이야말로 세속주의 도덕의 기반이자 황금률이다. 선을 행하는 데도, 황금률을 실천하는 데도 신은 필요 없다.

> "네덜란드에서는 (…) 나라 전체가 그 핵심에서부터 대단히 신을 섬기지 않는 것 같았다. 이 나라에서 사람들은 언제나 하느님의 존재 자체에 대해 의문을 제기할 수 있었다. 사람들은 종교의 모든 측면에 대한 불신을 공개적으로 드러냈으며, 이곳에서는 거의 모든 것이 세속적이었다. 신은 사방에서 조롱당했다. 그런데도 아무도 벼락에 맞지 않았다. 하느님에 기대지 않고도 사회가 잘 돌아가서, 완벽하게 기능을 발휘하는 것처럼 보였다. 인간이 만든 이 정부라는 시스템은 내가 존중해야 한다고 배운, 하느님이 고안하셨다는 시스템보다 훨씬 더 안정적

이고, 평화롭고, 번창하고, 행복했다."[36]

— 아얀 히르시 알리

저세상에서의 천국을 꿈꾸고 지옥을 두려워할 시간에 곁에 있는 이웃의 결핍을 헤아리고, 삐걱거리는 제도를 개선하는 세속주의는 '나중에, 저기서'가 아니라 '지금 여기'에서의 요청에 즉각적으로 반응한다. 그래서 세속주의가 자라날수록 다양한 형태의 선이 싹을 틔우고 사회적 진보를 일궈 낸다.

한편 더 종교적인 사회들은 심각한 수준의 경제적 불평등과 사회적 불안정, 억압과 비도덕, 가난을 당연한 것인 양 안고 산다. 종교적인 성향이 강할수록 편견이 강하고, 인종 차별적인 인식을 보이며, 보수적이며, 높은 범죄율을 보인다고 한다.

이런 경향은 최근에 무종교를 선택하는 사람들의 증가와 무관하지 않다. 자발적 무종교주의자, 무신론자들은 신에 대한 믿음 대신 삶에 대한 믿음을, 맹목적인 "할렐루야" 대신에 존재의 심연에서 터져 나오는 일상에서의 "오-썸(Awesome)!"을 외친다. 세상의 신비로움에 민감하게 반응할 수 있는 '경외주의자(Aweist)'로 살아가게 됨을 의미한다. 경외주의자에게 세상

---

36 필 주커먼 지음, 김승욱 옮김, 『신 없는 사회』(마음산책, 2012).

은 매 순간이 놀라움이자 경외의 대상이다.

우리는 모두 서로가 서로를 낳고 기르는 '사회적 창조물'이다. 종교 없는 삶, 신 없는 사회에서의 삶의 의미가 내면화될수록 세속적 삶의 미덕은 커져만 간다. 사람에게 공을 들이는 세속주의는 경외주의다. 내가 살아야 할 곳은 하늘이 아니라 땅이다. 천국이 임하는 곳은 하늘이 아니라 내가 발을 딛고 서 있는 지금 여기의 땅이다. 서로 도움의 손길을 내미는 신성한 땅. 입전수수의 삶이다.

> "경외를 느끼고 경험하는 데 신은 필요하지 않다. 생명이 필요할 뿐이다."

그물에 걸리지 않는 바람처럼

성소은『경전 7첩 반상』

“소리에 놀라지 않는 사자같이, 그물에 걸리지 않는 바람같이, 진흙에 물들지 않는 연꽃같이”

뜨거운 여름에 쏟아지는 시원한 폭포수 같은 말이다. 이럴 수만 있다면, 이렇게 살 수만 있다면 얼마나 좋을까? 제아무리 뜨거운 열기라 하더라도 무더위를 뚫고 계곡을 찾아간다면 폭포의 시원함은 눈앞의 현실로 펼쳐진다. 인간 정신이 누릴 수 있는 자유도 이와 같다. 이 속시원한 경구를 담고 있는 책은 최초의 불교 경전으로 꼽히는『숫타니파타』다. 기원전에 이미 인간은 소리에 놀라지 않고, 그물에 걸리지 않으며, 진흙에 물들지 않는 정신세계를 현실로 구현해 놓았다.

갓난아이가 태어나 몸을 뒤집고, 아장아장 걸음을 시작하고, 천방지축 뛰다가 어른이 되면서 몸가짐을 시와 때에 걸맞게 자유자재로 구사하듯이 우리의 속사람도 동일한 성장 과정을 겪는다. 다만 몸과 정신의 자라남이 다른 것은 전자는 시간이 지나면 나의 의지와 무관하게 저절로 커지지만, 후자는 그렇지 않다는 데 질적인 차이가 있다.

인간이 지닌 정신, 마음의 성숙은 집 안에 놓인 화초 신세다. 저절로 자라지 않는다. 그럴 수 없을 뿐더러 방치해 두면 맥없이 시들어 버린다. 이 작은 생명을 키우고 가꾸겠다는 의지에 물을 주는 행위가 더해져야만 화초는 응답한다. 새잎을 돋우고, 철마다 꽃으로, 향으로 인간이 베푼 선한 행위에 생명의 환희로 보답하는 것이다. 우리의 마음도 똑같다.

팔순을 넘긴 노인의 몸에도 근육이 자라고, 우리 뇌의 가소성은 죽는 순간까지 변화를 열어 두고 있다. 육체와 정신의 고양은 가히 무한지경(無限地境)이다. 하지만 '이생'이라는 유일한 생의 기회를 맞이해 사는 우리 모두의 가능성은 각자의 선택에 갇혀 있다. '그물에 걸리지 않는 마음'을 향해 내디딘 우리의 여정이 그 어느 곳보다 가 볼 만하고, 길벗의 손을 잡고 반드시 가야만 하는 이유는 하늘을 나는 새처럼, 내 마음에 날개를 돋우기 위함이다. 두 발은 묵직하게 땅을 딛고 있으면서 정신은 대 자유를 누리는 삶이다. 내 것이 된 걸림 없는 자유는 나를 살리고, 너를 살리는 자리이타(自利利他)의 가없는 날갯짓으로 삶을 춤추게 한다.

삶의 절정은 '회향(回向)'에 있다. 공들여 일군 무언가를 세상을 향해 나누는 일, 내가 가진 1개를 나눔으로 100개, 1,000개, 1만 개, 무한대로 확장하게 하는 연금술 같은 행위다. 바로 '입전수수'다. 삶의 이치를 알아차렸다고 해서 화초에 물을 주고, 삶에 공을 들이는 일이 끝날 수는 없다. 끝날 때까지 끝난 게 아니다. 몸을 입고 있는 한 밥을 먹어야 하듯이 마음도 간단없는 연습이 필요하다. 참을 읽고, 고요를 깊게 하는 일이다. 밖이 아닌 속에서 솟구치는 깨침이 일어날 때까지. 내가 누구인지, 어떻게 살아야 하는지, 제자리를 찾게 해 주는 유용한 수단이 동서고금의 수많은 지혜서, 경전들이다.

졸저 『경전 7첩 반상』은 인생의 3분의 1을 『성경』밖에 몰랐던 교인이 개구리가 우물을 뛰쳐나오고, 암탉이 울타리를 넘어서 세상을 만나듯 교회 담장을 나와 드넓은 지혜의 광장에서 만난 보물을 추스린 것이다.

"수많은 불교 경전 가운데 가장 초기에 이루어져 담박한 맛이 일품인 『숫타니파타』, 동양 문헌 가운데 가장 먼저 읽어야 할 책으로 간주되고 있는 『도덕경』, 기독교를 새로운 차원으로 이끄는 선두마차 『도마복음』, 정치·경제·사회 모든 면에서 양 극단으로 치닫고 있는 우리 사회에 가장 결여되고 그래서 무엇보다 간절한 정신이기도 한 『중용』, 나뿐 아니라 너와 우리 모두의 대 자유를 추구하는 대승의 중추이자 한국불교의 소의(所依) 경전인 『금강경』, 인도를 넘어 세계의 고전이 된 『바가바드기타』, 그리고 자랑스럽게 우뚝 선 우리 종교·우리 정신·우리 철학, 동학 천도교의 『동경대전』이 그것이다."

경전은 내 모습을 들여다보는 거울이다. 마주할 때마다 삶 여기저기에 찌들어 있는 때와 얼룩을 보게 한다. 경전은 다이어트식이다. 맛볼 때마다 삶에 덕지덕지 붙어 있는 불필요한 것들을 덜어 내 일상을 가볍게 한다. 혼란스럽고 어지러울 때마다 경전을 보면 옷매무새를 고치게 되고, 마음자리를 고르게 된다. 내가 있는 곳의 좌표를 다시 정립할 수 있고, 새 힘이 솟는다. 재충전된 나의 마음은 '너'를 향한 넉넉한 사랑으로 흐른다. 타인을 미소 짓게 하는 삶보다 충만한 것이 또 있을까? 줄수록, 나눌수록, 도울수록 나는 더 부자가 된다. 회향의 마법이다.

『경전 7첩 반상』과 그곳에 담긴 경전의 원전들이 누구에게나 거칠어진 마음을 어루만지고 헝클어진 살이를 가지런히 빗질하는 선한 도구가 될 것이다. 반려동물을 키우듯 나만의 반려 경전을 찾아 함께 자라도 좋겠다.

일상이 예술이 되기를! 일상이 감동이 되기를!

가능한 사랑

에리히 프롬 『사랑의 기술』

입전수수(入鄽垂手), 세상 속에서 할 수 있는 최고이자 최후의 도움은 사랑이다. 이제는 사랑할 일만 남았다. 사랑은 사람이 해낼 수 있는 가장 위대한 일이다. 사랑 하나만 잘 해도 삶은 그대로 꽃이 되고, 향기가 되고, 정원이 될 텐데, 서툰 우리가 만든 세상은 여전히 전쟁터나 소외된 자들의 고독한 섬이 되어 부유하고 있다. 불안에 휩싸여 일에 매달리고 야망이나 돈 때문에 잠을 줄여야 하는 열정의 노예들, 열정의 수난자들이다. 일에서 밀리고, 관계에서 빗겨나고, 결국 나에게서조차 멀어진 우리는 사랑을 알지 못한다. 사랑이 무언지 모르는 현대인은 쉬이 잘못된 사랑에 빠져든다. 가능한 사랑 아닌 소모하는 사랑으로.

"인간의 가장 절실한 욕구는 이러한 분리 상태를 극복해서 고독이라는 감옥을 떠나려는 욕구이다."

분리를 넘어 합일을 갈망하는 인간의 생존 욕망은 종교를 낳고, 철학을 낳았다. 인류가 남겨 놓은 숱한 흔적(人文)들의 원초적 힘이다. '온전한 나'로의 지향은 각자가 도달한 개성화의 정도에 따라 다른 매듭을 짓는다. 의식이 열린 만큼, 인격이 성숙한 만큼 고양된 사랑의 합일을 경험한다. 안에서 자라난 내 모양대로 자식을 사랑하고, 연인을 사랑하고, 신을 사랑하고, 그리고 자신을 사랑하는 방식과 정도를 달리한다.

온갖 종류의 사랑을 해부해 놓은 '사랑학'의 대가 에리히 프롬은 사랑을 배워야 하는 것, 지식과 노력이 요구되는 '기술'이라고 단언한다. 왜냐하면 사랑은 빠져드는 수동적인 감정이 아니라 참여하는 능동적인 활동이며, 자신이 얼마나 성숙했느냐 하는 것과 관련된 일이기 때문이다. 만약 사랑의 대상을 앞두고 자신의 전체적인 인격을 발달시키고자 노력해 생산적인 방향으로 나아가지 않는다면, 사랑을 향한 모든 시도는 결국 수포로 돌아가게 될 것이라고 경고한다.

사랑은 기술이다. 사랑은 활동이다. 사랑하는 존재의 생명과 성장에 대해 적극적으로 관심을 기울여야 한다. 사랑은 그렇게 주는 것이며, 보살피고, 책임을 다하고, 존경하고, 지식을 쌓아가는 일련의 활동이다. 한순간 반짝하고 사그라드는 불 같은 열정의 반대 일이다.

우리는 부모를 사랑하고, 자식을 사랑하고, 이성을 사랑하고, 이웃을 사랑하며 산다. 하지만 본질적으로 사랑이란 어떤 특정한 사람과의 관계가 아니라 세계 전체와의 관계를 결정짓는 '태도'다.

성숙한 사랑은 "너를 사랑하기 때문에 네가 필요하다."고 고백하고, 미숙한 사랑은 "네가 필요하기 때문에 너를 사랑한다."며 나의 필요에 빠진다. 소유에 대한 집착은 모든 사랑을 질식시킨다. 부모가 자식을 자신과 분리된 존재로 받아들이지 못할 때 소위 '자식사랑'은 사랑이라는 가면을 쓴 자기기만이거나 독재하려는 치명적인 폭력이 된다.

프롬은 정서적으로 미숙한 현대인들이 낳은 신경증적 사랑을 사이비 사랑으로 본다. 성인이 되어서도 부모에게서 독립하지 못한 마마보이, 자기소외를 가져오는 우상 숭배적 사랑, 자기 문제를 회피하기 위해 상대의 결점과 약점에만 관심을 두는 투사적 기제들이 모두 실패한 사랑의 흔적들이다.

사랑의 출발, 사랑의 첫 번째 대상은 '나'다. 내 감정과 내 태도에 대한 관심, 자기애(自己愛)에 모두를 사랑할 수 있는 능력이 깃들어 있기 때문이다. 자기 자신에 대한 이해와 사랑만큼 타자를 이해하고 존중할 수 있다. 프롬이 인용한 마이스터 에크하르트의 자기애는 선명하다.

> "만일 그대가 그대 자신을 사랑한다면, 그대는 모든 사람을 그대 자신을 사랑하듯 사랑할 것이다. 그대가 그대 자신보다도 다른 사람을 더 사랑하는 한, 그대는 정녕 그대 자신을 사랑하지 못할 것이다. 그러나 그대 자신을 포함해서 모든 사람을 똑같이 사랑한다면, 그대는 그들을 한 인간으로 사랑할 것이고 이 사람은 신인 동시에 인간이다. 따라서 그는 자기 자신을 사랑하면서 마찬가지로 다른 모든 사람도 사랑하는 위대하고 올바른 사람이다."

나를 통해, 너로 인해 배워 나가는 사랑은 동시에 실천을 통해 완성된다.

> "우리가 어떤 기술에 숙달하려면 삶 전체를 이 기술에 바치거나 적어도 이 기술과 관련시켜야 한다. 자기 자신이 기술 훈련의 도구가 되어야 한다. 사랑의 기술에 대

해서 이 말은, 이 기술 분야에서 명장이 되려는 야망을 가진 사람은 누구든지 삶의 모든 국면을 통해 훈련, 정신집중, 인내를 '실행'하는 것으로부터 시작해야 한다는 의미이다."

자기훈련은 '사랑'이라는 내적 동기가 밖으로 드러나는 외적 의지의 표현으로 구현된다. 나를 바라보는 시선과 나와 관계 맺는 대상을 대하는 나의 태도를 성찰하는 연습이다.

수시로 나를 곱씹는 마음훈련에 정신을 모으는 일, 명상이 더해진다면 사랑의 실천은 날개를 달게 된다. 정신집중은 혼자 있는 능력을 키우는 일이며, 자신에 대해 민감해지는 일이다. 사랑은 매 순간 연습할 수 있다.

"사랑의 능력은 긴장, 각성, 고양된 생명력의 상태를 요구한다. 이러한 상태는 여러 가지 다른 생활 분야에서 생산적이고 능동적인 방향을 취할 때만 생길 수 있다."

사랑은 그렇게 가능하다. 인간존재의 모든 문제는 사랑이며, 해답도 사랑에 있다. 사랑으로 나고, 자라며, 온전해진다. 우리가 나눌 수 있는 것은 오직 사랑뿐. 사랑이 회향(迴向)이다.

"십우도, 긴 여행을 다 마치셨군요.
수고 많으셨습니다. 어서 오세요."

차 한 잔 마련해 기다리고 있었습니다. 무언가를 찾고자(尋牛) 하는 막연함과 혼란스러움으로 나선 길 위에서 무엇을 보고, 어떤 경험을 하셨을지 궁금합니다. 나만의 초록 소와 함께 한 여정이 어떠셨나요?

참 이상합니다. 꼭 타야 했던 기차를 놓치고, 갑자기 비를 맞고, 심지어는 지갑을 잃어버리는 곤란한 일들도 여행 중에는 재미가 되고 훗날엔 미소 짓게 하는 이야기가 됩니다. 특별한 일만이 아닙니다. 어느 낯선 길목에서 커피를 마시고, 지나가는 사람들을 보고, 장을 보고, 우두커니 창밖을 바라보는 사소한 일들 하나하나가 모두 각별해집니다. 여행의 신비입니다.

똑같은 날처럼 느껴지는 우리의 삶도 실은 두 번 못할 여행인 것을……. 어쩐지 자꾸 감동을 놓치고 맙니다. 마치 눈앞의 사람이 영원할 것처럼 함부로 대하고, 시큰둥한 표정으로 기쁨 없이 하루를 저버립니다. 십우도의 열 단계는 한결같이 하나의 비밀을 가리키고 있습니다. 어두침침하고 맥없는 일상이 생기 가득한 일상이 되게 하는 무엇, 그것을 챙기셨을까요?

쉼(休)입니다.

안으로 쉬는 쉼, 앉아서 쉬는 쉼, 명상(瞑想)이자 좌선(坐禪)입니다. 온갖 맺힌 일들을 풀고, 닫힌 문을 여는 고요(禪)입니다. 호흡이 고요해지고, 생각이 잠잠해지고, 움직임이 차분해지는 것. 고요하면 참이 오롯해집니다. 고요하면 쉬워집니다. 고요하면 단순해집니다.

그 어렵다는 수학이 답을 내는 과정을 들여다봅니다. 동어반복을 할 뿐인데 몇 차례 줄을 바꾸다 보면 간결한 답이 나옵니다. 정답은 언제나 복잡한 수식을 벗어 버린 단순한 모습입니다. 삶도 수학 같으면 좋겠습니다. 같은 뜻이지만 줄 바뀐 모양새가 단출해지듯이 우리네 일상도 날이 바뀔 때마다 조금씩 가벼워지면 좋겠습니다. 가만히 돌아보고 거추장스러운 것들을 덜어 내는 겁니다. 고요라는 쉼은 오늘의 답이 '영'(0)이 되게 합니다. 곱하기 영입니다. 그 무엇을 더하고, 나누고, 곱하든 '공(空)'인 우리의 실상처럼 말입니다. 특히 힘든 일로 고통 받고 계신 분들의 아픔에 영을 곱하고, 괴로움에 영을 곱해 편안해질 수 있기를 바랍니다.

명상은 쉼입니다. 매 순간 쉬십시오. 굳이 우리가 배워야 할 것이 있다면 있는 그대로의 상황에서 그저 쉬는 법일지도 모르겠습니다. 아무것도 통제하려 들지 말고, 복잡한 생각을 더하지도 말고 '그냥 쉬기', '그냥 하기'. 그 일이 무엇이든 그냥 하면 고요해집니다. 무심히 그냥 할 수 있다면 모든 게 저절로 온전해집니다. 고요한 정신에 깃드는 것은 그럼에도 불구하고 할 수 있는 힘찬 사랑입니다. 나를, 너를 뜨겁게 안게 되는 사랑. 함께 가는 우리 여정이 내내 사랑이면 좋겠습니다. 사랑 없이 살지 말기로 해요. 지금까지 유유녹명(遊遊鹿鳴), 성소은의 사랑 고백이었습니다.

이제는 벗님의 여행 이야기에 귀 기울입니다.

참고문헌

1. 십우도에 관한 참고문헌

마커스 J. 보그 지음, 김기석, 정준화 옮김, **『놀라움과 경외의 나날들』**, 한국기독교연구소, 2019.

오강남 지음, **『도마복음』**, 예담, 2009.

오강남 지음, **『진짜 종교는 무엇이 다른가』**, 현암사, 2010.

장자 지음, 오강남 옮김, **『장자』**, 현암사, 1999.

조광호 역해, **『십우도』**, 비움과소통, 2015.

조지프 캠벨 지음, 이윤기 옮김, **『천의 얼굴을 가진 영웅』**, 민음사, 1999.

존 쉘비 스퐁 지음, 변영권 옮김, **『아름다운 합일의 길 요한복음』**, 한국기독교연구소, 2018.

廓庵 箸, 李箕永 譯解, **『十牛圖』**, 韓國佛敎硏究院, 1995.

Frankel, Estelle. **The Wisdom of Not Knowing: Discovering a Life of Wonder by Embracing Uncertainty**. Shambhala, 2017.

Hixon, Lex. **Coming Home: The Experience of Enlightenment in Sacred Traditions**. Jeremy P. Tarcher, Inc. 1989.

Johnson, Willard. **Riding the Ox Home: A History of Meditation from Shamanism to Science**. Beacon Press, 1987.

Loori, John Daido. **Riding the Ox Home: Stages on the Path of Enlightenment**. Shambhala, 2002.

Suzuki, D. T. **Manual of Zen Buddhism**. New York: Grove Press, 1960.

Teasdale, Wayne. **The Mystic Heart**. New World Library, 1999.

Underhill, Evelyn. **Mysticism**. New York: Dover Publications, 2002.

2. 십우도 여정을 위해 해설한 책

파울로 코엘료 지음, 최정수 옮김, **『연금술사』**, 문학동네, 2001.

오강남 지음, **『예수는 없다』**, 현암사, 2017.(개정판)

헤르만 헤세 지음, 박병덕 옮김, **『싯다르타』,** 민음사, 2002.

유상강설 지음, **『수행은 특별한 것이 아니다』**, 방하, 2004.

숭산 지음, 현각 엮음, 허문명 옮김, **『선의 나침반』**, 김영사, 2010.

윌리엄 하트 지음, 담마코리아 옮김, 『**고엔카의 위빳사나 명상**』, 김영사, 2017.
존 카밧진 지음, 안희영 옮김, 『**존 카밧진의 처음 만나는 마음챙김 명상**』, 불광출판사, 2012.
스즈키 순류 지음, 정창영 옮김, 『**선심초심**』, 김영사, 2013.
데이비드 호킨스 지음, 백영미 옮김, 『**의식 혁명**』, 판미동, 2011.
에크하르트 톨레 지음, 최린 옮김, 『**에크하르트 톨레의 이 순간의 나**』, 센시오, 2019.
켄 윌버 지음, 김철수 옮김, 『**무경계**』, 정신세계사, 2012.
장현갑 지음, 『**명상이 뇌를 바꾼다**』, 불광출판사, 2019.
페터 슈포르크 지음, 유영미 옮김, 『**인간은 유전자를 어떻게 조종할 수 있을까**』, 갈매나무, 2013.
머레이 스타인 지음, 김창한 옮김, 『**융의 영혼의 지도**』, 문예출판사, 2015.
토마스 A. 해리스 지음, 이영호, 박미현 옮김, 『**아임 오케이 유어 오케이**』, 이너북스, 2020.
타라 브랙 지음, 김선경 엮음, 이재석 옮김, 『**자기 돌봄**』, 생각정원, 2018.
김상봉 지음, 『**호모 에티쿠스**』, 한길사, 1999.
김상환 지음, 『**왜 칸트인가**』, 21세기북스, 2019.
프리드리히 니체 지음, 장희창 옮김, 『**차라투스트라는 이렇게 말했다**』, 민음사, 2004.
김성구, 『**아인슈타인의 우주적 종교와 불교**』, 불광출판사, 2018.

김용호, 『**제3의 눈**』, 돌베개, 2011.
루퍼트 셸드레이크 지음, 이창엽 옮김, 『**과학자인 나는 왜 영성을 말하는가**』, 수류책방, 2019.
류영모 지음, 박영호 엮음, 『**제나에서 얼나로**』, 올리브나무, 2019.
석지현 옮김, 『**우파니샤드**』, 일지사, 1997.
필 주커먼 지음, 박윤정 옮김, 『**종교 없는 삶**』, 판미동, 2018.
성소은, 『**경전 7첩 반상**』, 판미동, 2015.
에리히 프롬 지음, 황문수 옮김, 『**사랑의 기술**』, 문예출판사, 2019.

그림과 함께하는 나의 십우도 여행

"나는 어디쯤에 있나요?"

1 혼란한 마음으로 나만의 초록 소를 찾아 나섭니다.

심우尋牛

나를 혼란스럽게 한 것은 무엇인가요?

그게 언제였나요?

2 실마리처럼 얼핏 초록 소의 자취를 봅니다.

견적見跡

내게 실마리로 다가온 것은 무엇인가요?

3 나만의 초록 소를 봅니다.
이제 알아차립니다.

견우見牛

나만의 초록 소는 어떤 모습이었나요?
첫 만남의 기억은 어땠나요?

4 "아하! 이거였어!" 나만의 초록 소를 얻었습니다.

득우得牛

'또 다른 나'를 얻으셨군요. 그는 누구인가요?

5 아직은 낯선 초록 소와 씨름하듯 길들입니다.

목우牧牛

그와의 동행에서 힘든 일이 있었나요?
그게 무엇인가요?

6 편안한 마음으로 초록 소를 타고 집으로 향합니다.

기우귀가騎牛歸家

내가 찾은 나만의 초록 소로
어떤 즐거움, 편안함이 있나요?

7 초록 소는 내 안으로 스며들고, 홀로 오롯한 내가 됩니다.

망우존인忘牛存人

혼자 있지만 외롭지 않다고 느낀 적이 있나요?
나만의 초록 소로 강해진 내면을
자각하게 되는 때는 언제인가요?

8 초록 소도 '나'라는 욕심도 없습니다. '텅 빈 충만'입니다.

인우구망人牛俱忘

더 갖지 않아도, 무언가를 더 하지 않아도
"그냥 이대로 완벽해!"라고 느껴질 때가 있어요.
최근에 그런 경험이 있었나요? 언제인지 기억해 봐요.

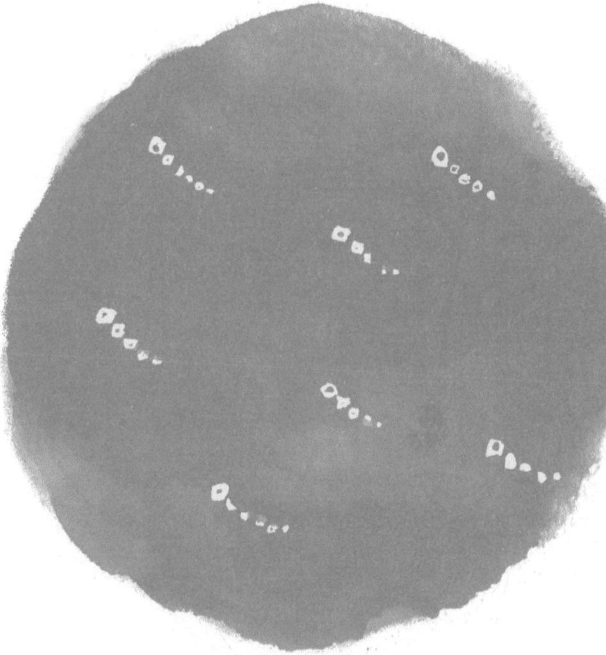

9 떠난 자리로, 근원으로 돌아옵니다.

반본환원返本還源

처음 혼란한 마음에서 시작해 이곳저곳을 떠돌아
지금의 평온한 마음의 집으로 돌아온 과정을 돌아봅니다.
은은한 미소를 머금고 내 언어로 적어 봅니다.

10 세상 속으로 들어가 '초록 소와 나의 합일' 여정을 나누며 삽니다.

입전수수入鄽垂手

나는 세상에서 무엇을 나누고 싶은가요?

나를 찾아가는 십우도 여행

1판 1쇄 펴냄 2020년 10월 21일
1판 3쇄 펴냄 2024년 9월 27일

지은이 | 오강남·성소은
그린이 | 최진영
발행인 | 박근섭
책임 편집 | 정지영
펴낸곳 | 판미동

출판등록 | 2009. 10. 8 (제2009-000273호)
주소 | 06027 서울 강남구 도산대로 1길 62 강남출판문화센터 5층
전화 | 영업부 515-2000 편집부 3446-8774 팩시밀리 515-2007
홈페이지 | panmidong.minumsa.com

ISBN 979-11-5888-652-3 03100

판미동은 민음사 출판 그룹의 브랜드입니다.